迷ったら、ゆずってみるとうまくいく

The Power of Putting Others First

欲張らない、競わない、執着しない「禅の教え」

曹洞宗徳雄山建功寺住職
枡野俊明
Shunmyo Masuno

CROSSMEDIA PUBLISHING

はじめに

「早く、早く」、「負けるな、負けるな」、「もっと、もっと」――。

時間に追われ、人に急《せ》かされて、いつも頑張ってしまっている自分。

しんどいのに、人を蹴落としてでも「私が、私が」と前に出ていかなければ、まわりから取り残されそうでこわい。

ぎすぎすした世の中に、生きづらさを感じている人が増えています。


「もっと寛容になりましょう」


2024年、『不適切にもほどがある！』という宮藤官九郎さん脚本のテレビドラマが話題になりました。

阿部サダヲさん演じるコンプライアンス意識の低い〝昭和のおじさん〟が令和の時代に突然タイムスリップして、昭和の時代にはまかり通っていた不適切発言で令和の人たちをかき回すヒューマンコメディです。その最終話で、宮藤さんが主人公に言わせたメッセージです。

宮藤さんは、自らが影響を受けた脚本家であり、日本アカデミー賞脚本賞受賞者である市川森一先生がご存命だったら、こんなタイトルをつけたんじゃないかといっています。


『正しいのはおまえだけじゃない』――自分と違う価値観を認めてこその多様性。


今、求められているのは、まさに「寛容さ」だと思います。

「寛容」とは、「相手を受け入れる」意味で使われていますが、無条件に受け入れるのではなく、お互いのよいところを認め、ゆずり合いの心を大切にすることです。


この本は、「ゆずる」がテーマです。

「迷ったら、ゆずってみるとうまくいくものですよ」

こう、皆さんにお話しすると、こんな問いが返ってきます。

「でも〝ゆずる〟って、我慢しろということですよね」

電車で立っている高齢者を見て、座っている席をゆずらなかったら、ゆずったほうがよかったかなとモヤモヤする。でも、ゆずれば、我慢して立っていなければならない——。

面白そうな仕事だけど、「やらせてください」という勇気がない。同僚がやりたいというから、私は我慢してゆずってあげた——。

そんなことを想像して「ゆずる」のは我慢を強いられ、自分が損をすることだとネガティブにとらえているようですが、それは違います。

ゆずることはネガティブどころか、前向きな超ポジティブな行動です。

ゆずることは〝手放す〟ことです。やはり損じゃないかと思われますが、手放すと、その空いたスペースに「いいもの」や「いいこと」が入ってくるのです。

これを、道元禅師は、「放てば手に満てり」と言っています。

電車で席をゆずったら、笑顔が返ってきた。同僚に面白そうな仕事をゆずったら、自分が苦労しているときに手を貸してもらえた——。

自分から半歩踏み出してゆずることで、自分が気持ちよくなれます。そして、その優しい気持ちは皆に広がっていくでしょう。

もちろん、何でもかんでもゆずりましょう、と言っているのではありません。ゆずるべきもの、ゆずるべきでないものの見極め方は本書でわかりやすく紹介します。

寛容になれる人、それはゆずれる人であり、人生がよい方向に流れていく人だと、私は思います。

合掌

2024年6月吉日　建功寺方丈にて

枡野俊明

迷ったら、ゆずってみるとうまくいく

目次

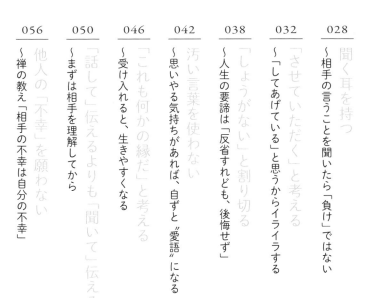

第2章 あれも、これもと「欲張らない」

第3章
はやく、はやくと「焦らない」

第4章 むだに「威張らない」

第5章 事物に「執着しない」

第6章

相手に「見返りを求めない」

第1章 競うことをやめると、うまくいく

1-1

ゆずると気持ちが明るくなる

——禅が教える「共にきれいになる生き方」

エレベーターや駅の自動改札、狭い道などでタイミングが同じになって、人とかち合ってしまい、どうしようかと迷うことがよくあるものです。

そうしたとき、私は**「お先にどうぞ」と先をゆずる**ようにしています。すると、相手はニッコリしてお礼の会釈をしてくれ、ゆずった自分も気持ちよくなります。

ところが、それが当然のように目を合わさずに無言で先を行く人もいます。そんなときは、「ああ、残念だな」という気持ちにもなります。

あるいは電車やバスで、席をゆずってもらうのが当たり前のようにお礼のひと言もなく座ってしまう人もいます。そんな場合も気持ちよいものではありません。

それでも、私は「ゆずる」気持ちを大切にしています。お互いにニッコリ笑顔で心地よく過ごせるように、ゆずり合いの気持ちをいつも持っていたいからです。

気持ちよくゆずることができた日は、「今日は調子がいいな」と明るい気分で過ごせます。

ビジネスシーンにおいても、**「かち合う」という場面**はよくあります。

所属部署に魅力的な仕事が舞い込みました。リーダーの「やりたい者はいるか？」

の声に、やる気のある人なら皆手を挙げるでしょう。もし自分が担当して成功すれば、それは大きな評価につながるのはもちろん、自身のキャリアアップにもなります。

しかし、担当できるのはひとりです。リーダーは誰を選ぶのか。同僚に担当をゆずると、自ら負けを認めた気持ちになるかもしれません。かといって、「私が、私が……」と人を押しのけてまで自己主張するのも憚られます。

こんなときにも、ゆずり合いの気持ちを持つべきなのでしょうか——。

「ゆずる」をきっかけにチームの力がアップする

「勝ち組・負け組」などという、弱者切り捨てにつながる格差的な言葉がふつうに使われるようになって20年以上が経ちます。

働いた人が働いた分だけ評価を得られるのはよいことです。**しかし勝ち負けを意識するあまり、今までは協力関係にあった者同士がライバルとなって足を引っ張り合うようになっては本末転倒です。**自分の持っている情報を抱え込んで、周囲に協力を求められない雰囲気が蔓延すれば、仕事がうまく進まなくなり、それはとても残念なことです。企業にとっても大きな不利益です。

やりたい仕事が同僚とかち合ったら、私はこの場合もゆずる気持ちが大切だと思います。**「キミがやるといいよ。頑張りなよ」**と、気持ちよく同僚に仕事をゆずるのです。そしてもし、その仕事で相手が困っていれば、手を貸してあげるのです。そんなところから、協力関係や信頼関係が醸成されます。

そうすれば、次に同じような機会があったとき、**相手は「この間はゆずってもらったから、今回はどうぞ」と言ってくれるでしょう。**

お互いに競い合い、助け合いながら共に成長していくことを「切磋琢磨」といいます。中国の『詩経』の「切るが如く、磋《みが》くが如く、琢《う》つが如く、磨《と》ぐが如し」という一節からきた言葉といわれています。

「切磋琢磨」から、私は畑で採れたジャガイモを思い出します。

泥のついたジャガイモをバケツの中に入れてガラガラとかき回すと、お互いにぶつかり合って泥が落ちてきれいになります。**自分だけでなく、共にきれいになっていく関係**——これが、「ゆずると皆が気持ちよく、明るくなる」ということだと思います。

1-2

「私が、私が」ではなく「皆が、皆が」

――「欲」に翻弄されないための極意

「○○さんは、あの有名レストランで食事をしたんだ！」

「△△さんは、温泉旅行を楽しんでいるんだ！」

知人や著名人の〝リア充〟をアピールするSNS投稿を見ると、うらやましくなったり、今の自分に不満を感じることがあるでしょう。

するとちょっぴり対抗意識がはたらいて、「私だって」と、自分のリア充ぶりを無理に演出し、いわゆる〝盛って〟SNSにアップするかもしれません。〝盛る〟という行為は「自我」のあらわれです。

自分自身の存在や考え方に執着する心を「自我」といいます。私は、情報社会が人々の自我の心を強くしていると感じています。

現在の情報社会に暮らしている私たちには、知らなくてもよい情報まで無意識のうちに入ってきます。その情報に感化されてしまうから、「私も、私も」と現実以上の自分を見せようとする気持ちが起こってしまいます。

自我は、仏教でいうところの**「我欲」**に通じています。我欲とは、他人のことを考えずに自分の利益ばかりを求める気持ち、自己中心の欲望のことです。「他人よりももっと」と固執して自分をよく見せようとすることも、我欲のひとつといえるでしょう。

もちろん、仏教では我欲を否定しています。自分だけが幸せになればよい、自分が幸せになるためには他者を犠牲にしてもかまわない、という欲深い心が良いわけはありません。

しかし、すべての欲を否定するわけではありません。**欲とは、生きるために必要なものであり、生きる力になります。**〝リア充〟投稿も、前向きに生きる力に変えることができるはずです。

自分だけが幸せになればいい？

人の背中を押し、良い方向への推進力となる欲望が「意欲」です。「意欲」と「我欲」は紙一重。**意欲にできれば、前向きに生きられます。**

たとえば、ビジネスで利益を追求するのは当然です。利益を出せない企業は淘汰されます。しかし、他社を犠牲にしてまで自社の利益だけを追求する企業は、そのときはよくてもやがて消えていくものです。

品質偽装やデータ不正、粉飾決算などの不祥事は、企業の致命傷になることは誰でも知っています。不祥事をきっかけに消えていった企業は数多くあります。

企業不祥事を見ていると、不祥事の隠ぺいに大きな問題があることがわかります。つまり、**会社の利益を守ろうとする意欲が転じて我欲となっている**のです。

〝意欲の人〟といえば、日本を代表する企業家のひとりである稲盛和夫さんです。

京セラやKDDIの創業者であり、経営破綻した日本航空（JAL）の再建に尽力したことは周知のとおりです。

稲盛さんは、新しい事業やプロジェクトを始めるとき、何度も何度も、時間をかけて自問自答したそうです。

「自分自身や会社の利益だけでやろうとしていないか」、「皆に喜んでもらえるものだろうか」、「10年経っても100年経っても、あれを作ってくれてよかったねと言われるだろうか」

そして、「よし、大丈夫だ」と思ったら、圧倒されるほどのパワーで事業を推し進め、それが数々の成功につながりました。そこには我欲の微塵もありません。

1-3

「結果」にこだわらない

——そのほうが達成感を何度も得られる

「期末テストではライバルに絶対勝ちたい」

「同期入社のあいつには営業成績で負けたくない」

勉強でも仕事でも、勝ち負けはつきものです。私たちは、子どもの頃からいろいろな相手と勝ち負けを競ってきました。

勝てば飛び上がって喜び、負ければ地団駄を踏み、前回は自分が勝っていたのに今回は負けたとなると、悔しくて自己嫌悪に陥ることもあるでしょう。

しかしよく考えてみると、**勝ち負けに一喜一憂する意味はどこにあるのでしょう。**

もちろん、競うことでモチベーションアップにはなりますが、結果に汲々とするのはいかがかと思います。

勝ち負けにこだわるあまり、**ライバルをおとしめるような恥ずべきことをやってしまったら、まさに本末転倒**です。


勝ち負けとは、自分との立ち位置を確認するためだけのものです。ライバルなどの比較対象よりも成績が良かったからといって、**自分自身の人間性とは関係ありません。**勝って良かったと喜んで終わり、負けても悔しくて終わり。悩む必要はありません。

勉強も仕事も、ましてや生き方を相手との勝ち負けという「二元論」で考えると窮屈で息苦しくなります。

自分と向き合うと、必ず達成感を得られる

勝ち負けには、**「他者との勝ち負け」**と**「自分との勝ち負け」**があります。

前者は**「結果」**を重視し、後者は**「プロセス」**を重視します。

禅の教えの根本は**「今を生ききる」**ことです。「結果」を重視しません。今という瞬間瞬間の積み重ねが大切であり、「プロセス」にこそ生きる価値があると考えます。

勝ち負けにこだわるなら、「自分との勝ち負け」を大切にしてください。それは、**自分の内に潜む〝怠け心〟との勝負です。**

「まぁ、これくらいやっておけばいいだろう」と思う一方で、「もうちょっと進めておけるな」という思いもあるでしょう。その自分の怠け心との勝負です。

怠け心との勝負は、仕事や勉強だけでなく日常生活でもたくさんあります。

たとえば、明日の朝からジョギングを日課にしようと決意します。

ところが朝目覚めると、

「今日は寒いから、明日からにしよう」

「もう少し暖かい季節になってから始めよう」

怠け心に負けて億劫になり、三日坊主どころか〝ゼロ日坊主〟……。

そこで、ちょっと寒くてもとりあえず玄関を出て家のまわりを2、3分歩いてみてください。

「思い切って起きて良かったな」

「やっぱり、朝の空気は気持ちいいな」

小さな達成感を得られます。さらには「気持ちいいから、ちょっと走ってみるか」と、気づいたらジョギングを始めていたなんてことになるものです。それが続くことで、大きな達成感を得られます。

他者との勝ち負けでは、勝った場合しか達成感が得られません。ところが、自分との勝ち負けでは、「早起きできた」「朝の空気は気持ちいい」という**プロセスにおいて達成感を得ることができます。**それが、自分らしい生き方につながります。

1-4

聞く耳を持つ

——相手の言うことを聞いたら「負け」ではない

「自分が正しいと思っていることはゆずらない」

「意見がぶつかったとき、絶対に折れない」

「人の意見を聞かない」

いつの時代にもこのような人はいますが、近年とくに増加していると感じます。

政治家を見ても、自分や政党の考えを押し通すために、他者の意見を聞かないどころか、意見の違う人には会おうともしない人さえいます。

社会がぎすぎすして、自己中心的にならざるを得ない気持ちはよくわかります。SNS（ソーシャル・ネットワーキング・サービス）の発達によって、会話が一方通行になりがちなことも、コミュニケーションが成り立ちにくくなった原因だと思います。

人間の器を育てるには、「聞く耳を持つ」ことが大切なのは言うまでもありません。

相手の意見を聞き入れることは「負け」ではありません。自分の意見を曲げて「ゆずる」のでなく、**相手の意見を聞いて、それを尊重し、自分の考えを深めることが大切です。**

相手の意見と自分の意見がぶつかったときに、「あなたの言っていることは違うと思います。受け入れられません」と頭ごなしに全否定してしまったら、会話が続きません。あるいは水掛け論になり、収拾がつかなくなります。

そんな場合は、相手の言っていることにどこかひとつ、自分の意見と共通する部分を見つけます。そして、「この部分は私と同じ意見です。しかし、こちらの部分に関しては、私はこう考えています」と一部を肯定してから、自分の意見をしっかり伝えると、相手も聞く耳を持ってくれます。

ゆずることは、自分を磨くこと

「ゆずる」とは、自身の人間としての器を大きく育てていくことです。

人間の器とは「度量＝受け入れる心の広さ」のことです。器が小さければ水がすぐに溢れてしまうように、他人の意見や考え方をほんの少ししか自分に取り入れることができません。

器を大きくしていけば、これまで溢れていたさまざまな意見も取り入れることができるようになります。これまで見えなかったこと、感じられなかったことがわかるようになれば、人間としての幅が広がります。

ゆずることは、「自分磨き」のひとつなのです。

若いころは自分の考えに固執してしまいがちです。それは、あらゆることにおいて経験が浅いからです。人間としての器が小さい状態といってもいいでしょう。年齢を重ねるにつれ、いろいろな人の意見を聞いたり書物を読んだりして知識を身につけて自分自身の人間の幅を広げていきます。

多くの人に出会って話を聞くほどに、人間の器は大きくなります。とりわけ自分を導いてくれる〝よき師〟に出会うことが大切です。

私自身、斎藤勝雄先生という庭園デザイナーの師匠に出会うことによって、庭園デザインはもちろん、人間としての器を育てていくことができたと思っています。

そんなよき師が身近にいないといって嘆くことはありません。たとえば、テレビを観ていても素晴らしい方がたくさんいます。「あの人の生き方はいいな」「あの人の話していることはためになるな」と思ったら、その人はあなたのよき師です。

書物が師になることもあります。それは漫画でもかまいません。あなたの生き方を支えてくれる師がいれば、自ずと人間としての器が大きくなります。

1-5

「させていただく」と考える

——「してあげている」と思うからイライラする

人に何かやってもらったとき、**「ありがとう」と言っていますか？**

「当然です。ビジネスでも日常生活でも感謝の気持ちを言葉に出して伝えるのは、人間関係の基本です」

多くの人は、そのように答えるでしょう。そして、実際に「ありがとう」と言っていることでしょう。

数十年前なら、書類整理をしてくれた部下に「ありがとう」も言わない上司は数多くいました。今の若手社員なら、そんな上司の下ではやっていられないと転職を考えるかもしれません。当時のことを思うと、良い方向への時代の変化を感じます。

言葉には力があります。「ありがとう」、「おかげさま」などの感謝の言葉は、言われるほうはもちろん、**言った自分もポジティブな気持ちになります。**

では、感謝の言葉をひっきりなしに連発していればいいのか——。

それは違います。

その「ありがとう」、「おかげさま」の根底に、**自分ひとりの力で生きているのではないという気持ち**はあるでしょうか。

「ありがとう」、「おかげさま」は、ともに仏教語です。

「ありがとう」は、『法句経《ほっくきょう》』の「人間に生まるること難しやがて死すべきもののいま生命《いのち》あるは有難し」という一節が由来です。**「人として生まれることはいかに有り難いことか、そのことに感謝して生きよう」**という意味で、感謝をあらわす言葉として使われるようになりました。

「おかげさま」は、「お陰様」と書きます。「陰」とは、神仏やご先祖さまのことです。目には見えないが、**陰に隠れている方々のご加護のもとで、私たちは生かされています。**そのことへの感謝の気持ちが込められている言葉です。

ですから、口先だけの感謝の言葉ではなく、まわりの人たちの支えがあって、今の自分があるという思いを込めて使いたいものです。

雑巾を5600枚以上奉納している老夫妻

先日、私が住職を務める建功寺にいらした老夫妻の話をしましょう。

ある日、老夫妻が神奈川県南足柄市にある大雄山最乗寺《さいじょうじ》という禅寺で宿泊の坐禅会に参加したときのことです。

修行僧たちが廊下の雑巾がけをしていたので見ていると、何人かの修行僧が立ったままだったそうです。それを不思議に思ったご主人が、「なぜ和尚さんたちは雑巾がけをしないのですか？」とたずねると、「雑巾の数が足りないので、向こうの人が戻ってきたら交替して、今度は私たちがやるんですよ」とおっしゃったそうです。

それを聞いた老夫妻は、坐禅会を終えて帰宅してから、雑巾づくりを日課にしました。つくった雑巾を寺社に納めるためです。

老夫妻は、日々の買い物に出かけたときに、少しだけ節約して雑巾をつくるためのタオルを1枚、2枚と買って帰ります。そしてタオルの端の縫い目を1枚1枚ほどいて平らにしてから雑巾に縫い上げます。固い縁があると細かいところが拭きづらいだろうという配慮から、手間暇をかけてそうしているそうです。

建功寺へも数十枚の雑巾を奉納していただきました。私も雑巾がけで使わせていただきましたが、ほんとうに使いやすく、隅々まできれいに拭くことができます。それが老夫妻の、今生かされていることへの「おかげさま」という感謝の気持ちのあらわれです。

「させていただく」という気持ちが「丁寧」につながる

感謝の気持ちを込めて10年間で5600枚もの雑巾を縫い上げ、寺社に奉納している老夫妻ですが、当初は奉納をそれほど喜ばれずに残念な気持ちになったこともあったそうです。

あるお寺に「雑巾ですが、使っていただけますでしょうか？」と持っていったところ、対応した僧侶に「おう、使ってやるよ」と横柄に言われたそうです。

「そのときは、カチンときました」

一瞬、頭に血がのぼったのですが、思い直したそうです。さすがに修行をつまれている方です。

「使ってくれるのだから、ありがたく思おう。**自分は雑巾を奉納してやっているのではなく、させていただいているのだ。**そう気持ちを切り替えたら、楽になりました」

キーワードは**「させていただく」**です。

仕事でも日常生活でも同じです。「自分がやってあげているんだ」と思うのと、「自分はさせていただいているんだ」、「こうやってできるのはありがたいことなんだ」と思うのでは、同じことをするのでも大きな違いがあります。

実際にやってみるとわかりますが、**一つひとつの仕事が丁寧になります。そして、笑顔でできるようになります。**

ちなみに、禅寺では**「一掃除、二信心」**といいます。

まずやるべきことは掃除であり、信心はそれからだという意味です。

信心は、仏道を志す者にとってもっとも基本となるものです。しかし、それよりも掃除を上位と考えます。

床を磨くことは自分の心を磨くことです。「心を清浄な状態にして修行に入りなさい」ということです。ですから、汚れていなくても掃除をするのです。禅寺の廊下が常に、黒光りするほど磨き上げられているのにはそういう理由があるのです。

掃除をすると、何よりも自分自身が心地よくなりますね。

1-6

「しょうがない」と割り切る

——人生の要諦は「反省すれども、後悔せず」

あなたの性格は、どちらかというと悲観的ですか、それとも楽観的ですか――。

何か新しいことを始めようとするとき、大切な仕事で厳しい状況に立たされたとき、あるいはミスをしてしまって謝罪に向かうときなどに、良くない結果になるのではないかと悲観的に考えるでしょうか。それとも、「なるようになるさ」と楽観的に立ち向かうことができるでしょうか。

もちろん、楽観的に考えられる人のほうが、人生は生きやすいと思います。

悲観的な人は、ものごとを引きずりやすい人です。**真面目に生きている人ほど、引きずる人が多い**ようにも感じます。

「なぜ、これを始めなければならないのだろうか」、「なぜ、苦境に立たされたのだろうか」、「なぜ、あんなミスをおかしてしまったのか」――。

もう決めてしまったこと、過ぎ去ってしまったことは変えることはできません。「なぜ」、「どうしよう」と頭の中で考えても堂々巡りです。**ずるずると悩むのは、人生の大いなるムダ**と考えて、割り切ってしまうことも大切です。

「反省すれども、後悔せず」が人生の要諦です。

楽観的に生きるコツは、「こうだったらいいな」と考えることです。

「あれを始めて、みんなに喜んでもらえるといいな」

「ここで踏ん張って、乗り越えられるといいな」

「すぐに謝罪に行って、誠意が伝わるといいな」

といった思考です。そうすれば、結果はどうあれ、前向きに半歩でも一歩でも進むことができます。

悲観的に考え、楽観的に実行する

「チャンスが来なかったからしょうがない」

「今回は不運だった」

たとえうまくいかなくても、楽観的に「しょうがない」と割り切って次に進むことは良いことです。

しかし、それは**事前の準備や努力があったからこその〝割り切り〟でなければ意味**

がありません。努力した上での割り切りには、納得感があります。

いっぽうで、悲観的な思考がすべて否定されるかといえば、そうとは限りません。**悲観的な人は、ものごとを慎重に考えるという長所があります。**見切り発車をしないので、大きな失敗をしづらいでしょう。また、慎重な言動をとることは、自己防衛力が強いともいえるでしょう。

前述した起業家の稲盛和夫さんは、**「楽観的に構想し、悲観的に考え尽くし、楽観的に実行する」**という言葉を残しています。

新しいことを始めるときは、「こうなったらいいな」と夢と希望を持って構想します。そして計画の段階では、「万が一、こんなことが起こるかもしれない」と不測の事態まで徹底的に考え抜き、何度も対応策を見つめなおします。いよいよ実行する段階では、「必ずうまくいくさ!」と自信を持ち、明るく取り組むのです。

悩む前に、今できること、やるべきことをしっかりやっていれば、楽観的になれます。そして、**たとえ失敗しても「しょうがない」と割り切ることができます。**

1-7

汚い言葉を使わない

――思いやる気持ちがあれば、自ずと〝愛語〟になる仕事や日常生活で迷いや気になることがあると、心がざわつきます。イライラして、無意識のうちに人にキツくあたってしまうこともあります。

人間のおこないは、「身体」と「口」と「心」によって成り立っているからです。心穏やかで生き生きと暮らすために、仏教では**「身口意《しんくい》＝身業《しんごう》（身体）・口業《くごう》（言葉）・意業《いごう》（心）」の三業《さんごう》を整えることがポイントであると**教えます。

「身体を整える」とは、所作を正しくすることです。それは、当たり前のことを当たり前に、丁寧におこなうことです。そのためにはまず、**常にいい姿勢を意識する**ことです。

「言葉を整える」とは、慈愛の心を持って言葉を発することです。

日本曹洞宗の開祖・道元禅師は、主著『正法眼蔵《しょうほうげんぞう》』のなかで「愛語《あいご》よく廻天の力あることを学すべきなり」と語っています。

慈愛の心を持って語る「愛語」には、天地をひっくり返すほどの力がある、という意味です。

同じことを伝えるのであっても、相手の人柄、置かれている立場や心情を察して伝えると、自ずと愛語になるものです。

「心を整える」とは、しなやかな心を保つことです。禅語で「柔軟心《にゅうなんしん》」といいます。

それは、**固定観念や先入観、思い込みといったものにとらわれない心の状態**です。

立ち居振る舞いは、心を映す鏡

身体と口と心は関連しています。所作を丁寧におこなうと、自ずと口から出てくる言葉は「愛語」となり、その結果、「柔軟心」を保って過ごすことができます。

所作と言葉、つまり、立ち居振る舞いを大切にすることが、心を整えるための最大のポイントです。また逆に、心が整っているときは、所作が丁寧になり、慈愛の心を持って語ることができるものです。

心を整えるためには、まずは所作です。

その第一は、いい姿勢です。

難しいことではありません。胸を張るというよりも、みぞおちを前に出すという感覚で背筋を伸ばし、腹式呼吸をするだけです。おなかから息を吐いて、吸った息をおなかに落とすのが腹式呼吸です。背中が丸まっていては腹式呼吸ができませんから、それを心がけるだけでもいい姿勢になるものです。

背筋を伸ばして腹式呼吸をしていると、不思議と落ち着いてきて、迷いや急いた気持ちが消えていきます。

じつは、腹式呼吸にはリラックス効果があることが医学的にも明らかになっています。腹式呼吸で取り込んだ酸素が脳まで行きわたると、副交感神経が優位にはたらいて身体の緊張がほぐれます。

また、副交感神経が優位な状態になると、リンパ球を増やして免疫力アップにもつながるそうです。

心がモヤモヤしているときは、まずはいい姿勢を心がけてください。心にゆとりが生まれ、相手の気持ちや感情に配慮できるようになります。それが言葉にもあらわれます。自分が語ろうとしている言葉を、相手がどう受け止めるかに思いを馳せられるようになるわけです。

1-8

「これも何かの縁だ」と考える

――受け入れると、生きやすくなる

やりたくない仕事、参加したくない会合など、気の進まないことを頼まれたときに、「今手一杯だから、他の人にやってもらってください」、「この業務なら□□君が得意ですよ」、「その日は所用で行けません。○○さんに頼んでください」と、いろいろ理由をつけて仕事を断ったことはありませんか。

断る理由がほんとうなら仕方ありません。そうではなく、**できるにもかかわらず、やりたくないから他の人に仕事を「押しつける」**といったケースです。

多少は悪いなと思いつつも、いやなことは避けたいという本音が勝ってしまうことがあるでしょう。それがもし、やりたい仕事、魅力的な仕事だったら、多少無理をしてでも依頼を受けるのではないでしょうか。

つまらない仕事は人に押しつけて、自分は好きな仕事だけしたい。それではうまくいくはずがありません。

仏教では、人間関係はもちろんですが、仕事も日常生活も、あらゆるものが「縁」によって存在していると考えます。私たち人間は、自分ひとりで生きているのではなく、**「縁」の中で生かされている**のです。

つまらない仕事も、魅力的な仕事も「縁」によって巡ってきたのですから、やりたい、やりたくないで考えるのは、縁を無視していることになります。

相手の喜ぶ顔を想像すると楽しめる

「随縁《ずいえん》」という仏教語があります。**いただいた縁に随う**という意味です。

「縁」は自分の思い通りになるものではありませんが、良いときも悪いときもその状況を一度受け入れて冷静に考えて流れに身をまかせることができれば、格段に生きやすくなります。

仕事を頼まれたら、**まずはあるがままに受け入れる**ことです。それがやりたい仕事でも、やりたくない仕事でも、巡ってきたご縁です。

その仕事をやりたい、やりたくないに関わらず、どのような仕事であれ自分の状況をよく考えて、そのときに手一杯なら断ります。ずっとやりたかった仕事であっても、その場合は縁がなかったと潔くあきらめるのです。

あるいは身体が空いているタイミングなら、それは縁が巡ってきたのですから、やりたくない仕事でも〝良縁〟として受け入れます。

せっかくのご縁ですから、**やらされている仕事ではなく、やらせていただく仕事として楽しみたいものです。**

私自身、庭園デザインの仕事ではさまざまな制約が多く、正直、つらいなと思う依頼もあります。それでも、せっかくのご縁ですから受注した以上は精一杯務めさせていただきます。

私がモチベーションとしていつも心がけているのは、発注主（クライアント）を驚かせることです。ご縁があったのですから、自分流の工夫をちりばめて、「ほぅ、枡野さんはこうしてくれたか！」と、サプライズをねらいます。

たとえ、はじめは気の進まない仕事であっても、**相手が喜んだり驚いたりする顔を見るのは楽しいものです。**

やりたい仕事がなかなかできないと焦る必要はありません。

相手の想定以上の仕事を続けているうちに、きっと自分のやりたい仕事が巡ってくるタイミングがあります。

1-9

「話して」伝えるよりも「聞いて」伝える

――まずは相手を理解してから

大ベストセラー、阿川佐和子さん著の『聞く力』(2012年刊)は、刊行から年月を経た今でも売れ続けているそうです。

私も、会話の本質は「聞く」ことであると、阿川さんの本にハッとさせられ、大いに参考になりました。

多くの日本人がそれほどまでに〝聞く極意〟に関心を寄せるのは、日常の会話がスムーズにできていないと感じているからでしょう。

人は誰にでも、自分の話を聞いてもらいたいという欲求があります。それが満たされないのは、とてもつらいことです。その欲求を満たしてあげるのが、相手の話を聞くことです。

だから、聞くことは会話の原点であり、思いやりの心が大切です。

仏教で言うなら、多くの人に親しまれている観音菩薩は人々の迷いや悩みを聞いてくれる仏さまです。

観音とは、「音を観る」と書きます。**「見聞一致」という言葉があるように、仏教では「見る」と「聞く」は同じことだと考えます。**ですから観音さまは、私たちの心の声を聞いてくださる仏さまなのです。

さらに観音さまは、「抜苦与楽《ばっくよらく》（苦を取りのぞいて楽を施す）の仏さま」といわれます。

このように、苦悩する人々の声を聞きとり、人を救うことを喜びとする観音さまだからこそ、観音信仰は全国各地に広まりました。

私たちも、会話の表面的な部分だけでなく、言葉になっていない会話の後ろ側にある、**「相手が何を思っているのか、何を伝えようとしているのか」を想像することが大切です。**

心を傾けて聞く

相手の話を聞くコミュニケーション技法として「傾聴」があります。

カール・ロジャーズというアメリカの臨床心理学者が提唱した「積極的傾聴」が、カウンセリングやコーチングの分野だけでなく、良好な人間関係を築くための技法として知られるようになりました。

経済産業省が〝人生100年時代の社会人基礎力〟と定義する「ライフステージの各段階で活躍し続けるために求められる力」の要素のひとつに「傾聴力」が含まれています。

傾聴とは、相手の気持ちに共感し、相手に関心を持って真摯に向き合うことです。ロジャーズは、話を聞く側に必要な3要素として以下をあげています。

①共感的理解→相手の立場になって、相手の気持ちに共感しながら話を聞く。

②無条件の肯定的配慮→相手の話の善悪や好き嫌いを評価せず、肯定的な関心を持って話を聴く。

③自己一致→相手の話がわからないときは聞き直す。わからないことをそのままにしない。

これだけなら傾聴はそれほど難しいことではない、と感じる方もいるかもしれません。しかし、実践してみると一筋縄ではいかないことがわかります。

相手の気持ちに共感しようとして「相づち」を打ったり、相手の言葉を「オウム返し」することで傾聴できているつもりになっている人も多いようですが、それでは相手の気持ちを汲みとることはできません。

傾聴の3要素を見ても、良好な人間関係を築く最大のポイントは、**本気でわかろうとする思いやりの心にあることがわかります。**

「背景」を察して行動する

思いやりのコミュニケーションでは、**相手が何を伝えようとしているのかを察することが大切です。**見えない部分を見るためには、それだけの力量が必要です。

日本の伝統芸術は、引き算の文化です。ですから、私たち日本人には察する素養があるのかもしれません。

たとえば墨絵は、墨の濃淡のみですべてを表現していますから、作者の意図を察する観る側の力が求められます。

俳句や短歌も、決められた文字数の表現から、その背後にどのような情景が広がっているかを察する力が必要です。庭園デザインも同様に、削ぎ落とした美しさを意識しています。

ちなみに「忖度《そんたく》」は、推し量る、推察するという意味の仏教語です。近年は目上の人の顔色をうかがうような意味で使われることが多いようですが、本来は、ものごとをよく理解しているが実行がともなわないことをいいます。

察する力はビジネスの世界でも欠かせません。

商談であれば、先方の担当者がどのような使命を負ってこの席に着いているのかを察することで、相手の立場を踏まえた提案ができます。

「そうか、ここまで察して提案してくれているんだ!」

そんなところから信頼関係を築くことができます。

調子よく相づちを打って、値引きをすれば買ってくれるだろう、納期を早めれば決まるだろう、などと安易な提案をするのとは大違いです。

自分の手柄や自社の利益をひとまず横に置き、相手が今この席に着いている背景を察して対応したらよいのです。

そんな仕事ぶりは必ず相手に通じます。そして長いつき合いができるはずです。

1-10

他人の「不幸」を願わない

——禅の教え「相手の不幸は自分の不幸」

他人が失敗したりトラブルに見舞われたとき、それを喜ぶ自分がいる——。

「人の不幸は蜜の味」

そんな感情を持つのは道徳的によくないとわかっているのに、**心のどこかで他人の不幸を願う自分に自己嫌悪の気持ちになったことはないでしょうか。**

トラブルが自分でなくてよかった、という気持ちになるのは致し方ないことです。

しかし、**他人の不幸を喜ぶ感情は、どうすることもできない自身の現状を映す鏡だと思います。**

今自分が充実して過ごしているなら、他人の不幸を思いやることができますが、**自分がうまくいってないから他人の不幸に安心を感じてしまうのでしょう。**できることなら、他人の不幸を願ったり喜んだりする感情は起こしたくないものです。

道元禅師は主著『正法眼蔵』のなかで、**大切な生き方のひとつとして「同事《どうじ》」ということを語っています。**

「事を同じくする」とは、自分と相手を分けへだてせず、相手の立場でものごとを見たり考えたりすることです。小さな子どもに接するときに、自分がかがんで子どもと同じ目線になって、子どもが理解できる言葉で話しますね。そんなイメージが「同事」です。

他人が不幸に見舞われたときには「同事」を思い出してください。相手の立場になって話を聞き、声をかけることができるはずです。やさしい言葉をかけられなくても、「同事」の気持ちがあるだけでじゅうぶんです。相手を思いやる気持ちはあなたの穏やかな顔にあらわれます。

人は過ちを犯すもの

他人の不幸を願う自分に、「なんて最低な人間なんだろう」と罪の意識にさいなまれたらどうしたらよいのでしょう。

過ちを犯してしまったとき、神仏に罪を告白して悔い改めることを「懺悔」といいます。仏教では「さんげ」と読みます。

懺悔といえばキリスト教だと思う方が多いかもしれませんが、もとは仏教の「懺悔《さんげ》滅罪《めつざい》」の教えをキリスト教が取り入れたという説もあります。キリストは、インドで修行した経験があり、仏教に触れていたらしいということです。

それはともかく、そもそも懺悔をしなければならないような過ちを犯さなければよいのですが、**私たち人間は煩悩まみれで必ず何かしらの悪業をはたらいてしまうものです。**これまで一度も過ちを犯さずに生きてこられた人は皆無でしょう。

お寺では、毎日のおつとめで『懺悔文《さんげもん》』というお経を必ずとなえます。

「私が過去に行ったあらゆる汚れたおこないは、私の煩悩によって生じたものです。そのすべてを、私は今、仏さまに照らされて悔い改めます」ととなえるのです。

仏教では、自分の過ちを認める心を起こしてくれるのは仏さまであり、仏さまの力をお借りして懺悔すると考えます。そのため、仏さまに「私を憐れみ、悪の積み重ねから脱出させ、悟りへ導いてください」とお祈りするのです。

もし、**他人の不幸を願い、喜ぶ自分に気づいたときは、心の中で仏さまに懺悔してください。**自分の罪を認め、心から懺悔することで、心がスッキリとして清らかになります。

第2章
あれも、これもと「欲張らない」

2-1

欲も不安もキリがない

——満足することを知らないと、
心安らかに過ごせない

「お金が欲しいですか」と問われて、「いりません」と答える人はいないでしょう。誰もが「欲しいです」と答えます。

私もそうです。僧侶の身であっても、現代社会においてお金がなければ暮らしていくことができません。

それでは、**「いくら欲しいですか」と問われたら、どう答えますか。**

迷ってしまい、具体的な金額をいえる人は少ないと思います。漠然とたくさんあったほうがいいと思うだけで、金額まではなかなか口にできないでしょう。

ここにお金の本質があると私は思います。

お金は手段であって目的ではないからです。ただ、現代社会において、さまざまな欲望の行き着く先がお金であることが多いから、結果として誰もが「お金が欲しい」と執着するのでしょう。

お金を求めていれば切りがありません。

お釈迦さまも、**「人間の欲望というものは、たとえヒマラヤの山をすべて黄金で埋め尽くしたところで、満たされることはない」**とおっしゃっています。

それほどまでに、人間の欲望は果てしないものなのですね。

「知足安分《ちそくあんぶん》」という禅語があります。

「足りることを知り、分に安んずる」――満足することを知らないと、どんなに豊かであっても心安らかに過ごすことはできない、という意味です。今に満足することが幸せを感じる近道なのです。

お金を主役にしない生き方

巨万の富を築いた人の生き方を紹介しましょう。

アップルの創業者スティーブ・ジョブズが禅に深く傾倒し、実践していたことはよく知られています。世に送り出した製品には、「シンプル、使いやすい、機能美」という禅の精神が生かされています。

ジョブズは**「多くの人はお金儲けのために会社を始めるが、そうやって成功した人は多くはない」**という言葉を遺しています。

彼は商品開発にあたって、市場調査をしたことが一度もなかったそうです。とにかく自分がほんとうに欲しいものをつくる――その一点でした。自分が欲しいものは、世の中のすべての人が欲しいものであると確信していたからです。

お金儲けは二の次であり、とにかく皆に喜んでもらえるものをつくりつづけました。その結果として事業は成功し、巨万の富を得たのです。

パナソニックの創業者松下幸之助さんも、電球のソケットを二股にして一方から電源が取れるようにすれば、世の中の暮らしが便利になるとの一心で事業を興し、結果として成功しました。

人間はお金のためだけに頑張れるものではありません。自分が苦しくなります。

本来、主役はお金ではなく、自分自身の心なのだということを忘れてはいけません。

「結果自然成《けっかじねんなる》」という禅語もあります。

「結果は、努力することで自然に生まれてくるもの」――損得勘定でものごとを判断せず、まずは目の前のことに没頭することです。やるだけのことをやったら、結果に満足できるはずです。

2-2

「よく思われたい」と思わない

——どう取り繕っても、周りはすべてお見通しです人からよく見られたい、いい人だと思われたい、という気持ちは誰にでもあります。そして、好意を寄せている人から好かれたいという、プライベートな感情もあると思います。

禅の教えには、このようにしたら人から好かれるという、具体的な〝モテる秘訣〟はありません。しかし私は、禅が教えてくれる生活習慣や所作を身につければ、必然的に人から愛されるようになると思っています。

禅は、**ただひたすら無心に取り組む姿ほど美しいものはない**と教えています。

たとえば、春の到来を告げるウグイスの「ホーホケキョ」のさえずりを聴けば、私たちは「あぁ、ウグイスの声はなんて美しいのだろう」と感じます。

しかし、ウグイスはただただ無心にさえずっているだけで、私たちを楽しませようと思っているわけではありません。**私たち人間が勝手に、無心にさえずるウグイスの声が清らかで美しいと感じるのです。**

あるいは高校球児を見て、彼らを清々しく感じるのも、彼らが損得勘定ではなく、ひたむきにプレーしているからこそ、私たちは心を惹きつけられるのです。

つまり、**人からよく見られたい、好かれたいなどというはからいの心を一切もたずに、無心に何かにとり組む姿は魅力的であり、人を惹きつけるのです。**

「歩歩是道場《ほほこれどうじょう》」という禅語があります。

いつでもどこにいても、そこが道場であり、何をしていても修行なのです。その心がまえで、一瞬一瞬を一所懸命に努めなさい、という意味です。

一途に一所懸命取り組んでいる人の姿に、好感を持たない人はいませんね。

ありのままの自分で接する

人からよく見られたいという思いが強くなり、ちょっと欲張って自分を〝盛る〟ことは、「自我」のあらわれであると前述しました。

不特定多数の人たちに向けたSNSであれば、多少盛ってもわからないでしょう。一時の自己満足になるかもしれません。

しかし、リアルの人づきあいで自分を〝盛る〟のは、かえって自分を苦しめることになります。なぜなら、**「ありのままの自分」がいつまでも成長できないからです。**

人は、自身の未熟さを自覚し、それを改めようと努力することで成長するのです。自分を飾らずに、ダメな部分もさらけ出して、ありのままの自分で人と接するようにしたいものです。

「明歴々露堂々《めいれきれきろどうどう》」という禅語があります。

真理は探すものでも求めるものでもありません。**すべてが、明らかに堂々とあらわれていることに気づきなさい、**という意味です。

多少自分を盛って人と接していても、あなたをよくわかっている人は、あなたのほんとうの姿をお見通しなのです。

これから深くつきあっていきたい相手なら、なおさら自分をさらけ出してください。自分を盛って人と接していると、いつまでも素の自分が出せず、よそよそしい関係になってしまうでしょう。

ありのままの自分をさらけ出している人は親しみやすく、好感がもてると私は思います。自分が自分らしく生きることが「明歴々露堂々」です。また、それが生きる自信につながります。

2-3

目標は「1割増し」がちょうどいい

——高い目標はたいていクリアできない

「今期の売上げ目標は、前年比200％！　さぁ、スタートダッシュを決めよう！」

期初めに社内一斉メールで届く社長メッセージ――。社員を鼓舞する言葉がつらつらと並んでいます。

（それは無理でしょ）

（やってられないね）

高すぎる目標に、かえってモチベーションを下げてしまう社員たちもいるでしょう。

経営者が欲張って達成不可能な目標を掲げるのは、前年比110～120％ぐらいになってくれればいいというのが本心だと思います。もちろん、あわよくば別次元の新たな発想が生まれる期待もあるでしょう。

いずれにせよ、**高すぎる目標を真に受けた真面目な社員は無理をします。**たとえば、来期の売上げに見込んでいた案件を、無理やり今期に入れて目標を達成しようとするでしょう。

すると、そのときはよくても来期の売上げがドーンと落ちるのは明白です。

右肩上がりの高度成長時代ならイケイケドンドンで、それでもよかったかもしれませんが、今の低成長時代では逆効果です。

会社だけでなくプライベートの目標設定も同様です。高い目標を掲げてそれをクリアしたときの喜びは大きいですが、**たいていはクリアできないことのほうが多く、落ち込んでしまいます。**

目標達成スパイラルが人間を成長させる

「身の丈に合った暮らしをしなさい」

昔からいわれている生活教訓です。無理をして収入以上の暮らしをつづければ、やがて破綻します。これからは老後の負担が増加しつづけるのだから、なるべく節約して暮らさなければならないという生活アドバイザーもいます。

仕事に対してはどうでしょうか――。

私は、身の丈よりちょっと増しに目標設定をするのがよいと考えます。つまり、**自**

分の力量を10としたら、ちょっと上の11ぐらい、1割増しにするのです。

いつも目一杯努力している人にとっては、1割増しでもなかなかしんどいものです。しかしそれをやり遂げることができれば、キャパが広がります。

つぎは11をベースにして、1割増しを目標にします。それが目標達成スパイラルです。**そうやって向上心を持って取り組んでいくことが、ほんとうの意味での成長につながります。**

昨日までできなかったことが少しずつできるようになっていく——それが喜びになります。

「一志不退《いっしふたい》」という禅語があります。

一度志を立てたら、それを成し遂げるまでそこから決して引かずに努力をつづける、という意味です。

「大志（大きな目標）を抱け」といいますが、**努力すれば手が届く小さな目標を一つひとつ成し遂げることが、迷わず大きな目標に近づくコツであると、私はこの禅語から読みとります。**

2-4

目の前の「今」に集中する

――一度にできることは一つきり

一秒たりとも時間をムダに使いたくない——。

時間に追われる毎日を過ごす現代人の多くがそう思っているでしょう。

とくに、新社会人のZ世代から共働きファミリーは動画を倍速で視聴し、ニュースをまとめサイトで読むなど「タイパ」を重視しています。

「タイパ」とは、タイムパフォーマンスの略語で、「時間対効果」を意味しています。辞書を編む人が選ぶ「今年の新語２０２２」の新語大賞に選ばれ、メディアでもよく取り上げられています。

だれしも、一日が30時間、40時間あれば、もっといろいろなことに挑戦できるのにと思っても、それは不可能です。

タイパは今にかぎらず、複数の作業を同時にこなす「マルチタスク」という仕事の進め方が話題になったことがあります。たとえば、会議に参加しながらメールをチェックする、電話対応しながら資料を作成する、日常生活においては、スマホを観ながら食事をする、テレビを観ながら勉強するなどです。

ビジネスでは、さまざまな作業を停滞させずに進めることができれば効率的であり、複数の関係部署とコミュニケーションをとりやすくなるかもしれません。

しかし、それが**ほんとうの意味で効率的といえるでしょうか。**

私がおつき合いさせていただいているビジネスパーソンの多くは、マルチタスク派ではなく、一つひとつの仕事を集中して進めていくシングルタスク派です。長いスパンの仕事を平行して進める場合も、午前中はAの仕事、午後はBの仕事に専念し、Aの仕事をやりながらBの仕事を考えるなどということは一切しません。

実際、仕事をしているその瞬間は一つの仕事しかできません。だから、一つの仕事に集中するのがもっとも効率がよいのです。

マルチタスクのデメリットは、**仕事ごとに頭を切り替える必要があり、ロスが生じることです。**

集中して仕事をしているとき、他の用事で一時中断したら、元のペースに戻るのに苦労したという経験はないでしょうか。マルチタスクはそんな切り替えロスを何度も繰り返すことになります。

〝できる人〟は、それをよく知っています。

「なりきる」人になる

「喫茶喫飯《きっさきっぱん》」という禅語があります。

お茶を飲むときは飲むことに集中し、ご飯のときは食べることだけに集中しなさい、という意味です。「今」に集中することが禅の教えの原点です。

一度にできることは一つきりなのですから、それに無我夢中で取り組むのです。

たとえば、集中して仕事をしなければならないときに、「週末の友人との食事はどこへ行こうか」、「何の映画を観ようか」と考えてしまえば、肝心の仕事がおろそかになります。仕事でミスを犯してしまうかもしれません。あげくに、スマホでグルメ情報の検索を始めてしまうようでは、ビジネスパーソン失格です。

あるいは、週末に趣味を楽しんでいるとき、「月曜の会議が憂鬱だなぁ」などと考えれば、まったく楽しめません。

仕事でも遊びでも、没頭すれば充実感が増します。仕事の時間は「仕事人になりきる」、遊ぶ時間は「遊び人になりきる」――これがタイパのよい時間の使い方です。

2-5

「若い人」にゆずる

――それが幸せの好循環を生みだす

社員は年齢を重ね、ある程度ベテランになったら、若い人に責任ある仕事をゆずっていくべきですが、若手の成長が追いついていないようです。

人材の新陳代謝は、多くの企業にとって大きな課題です。

若手社員が上司の仕事を見て覚え、盗んで覚えるということは少なくなりました。昔は学ぶ側に仕事を覚えようとする強い意志があったのですが、現代社会では若者は何でも教えてもらうものと受け身になり、与えられた仕事をこなすだけの人が増えています。


私は、自から積極的に学んだことを血肉として成長する人を**「自家発電タイプ」**、手取り足取り教えてもらいたい人を**「ハウス栽培タイプ」**と呼んでいます。

自家発電タイプは、はじめは苦労しますが、しっかり自分で〝発電〟できるようになれば揺るぎない力を発揮します。彼らは不測の事態が起こっても、何をすればいいか、どう対処すればいいかを自分で考え、判断できます。

いっぽうでハウス栽培タイプは、いつも電力供給を受けているだけなので、いざ〝停電〟になったときに右往左往するだけで何もできません。

庭園デザインで、庭に木を植樹するとき、人工栽培で育てられた樹木と山に自然に生えている樹木がありますが、後者のほうが断然強い。日の当たらない、水が涸れることもある**厳しい環境でもじっと我慢して生長してきた木は、どこに植え替えられてもしっかり育ちます。**しかし、温室で肥料をたくさん与えられ、完全培養されている木は、環境変化に弱いものです。

企業も同じです。詳細なトレーニングマニュアルを用意し、懇切丁寧にできるだけ大きな失敗をさせずに若者を育てようとしています。まさにハウス栽培です。打たれ弱い若手が増え、上司が少しでも強く指導すると、拒否反応を示したり、パワハラを人事部に訴えるような人もいると聞きます。

手放すのは怖いことか

ベテランが自身の仕事をなかなか手放さず、全部自分でやろうとするのは、いつまでもビジネスの最前線に立っていたいからだと思います。

しかし、頼りない若者に仕事をゆずるのが不安だからという理由もあるでしょう。それでも、若い人に仕事を任せてほしいと私は思います。

「放てば手に満てり」という道元禅師の言葉があります。

持っているものを手放すことで、ほんとうにすばらしいもの、大事なものが得られるものだ、という意味です。

キャパは限られているのですから、欲張らず何かを手放さないと新たなものは手に入らないのです。

たしかに、自分でこれまで築いてきた仕事を手放すことはつらいことであり、頼りない若手に任せるのは不安かもしれません。しかし、それを怖がっていては若手は育ちませんし、あなた自身ももっとすばらしいスキルを手に入れることはできません。

ゆずるかどうか、任せるかどうか迷ったら、「放てば手に満てり」の言葉を思い出してください。

迷ったとき、あなたはすでに一歩前に出る準備ができているのですから。

2-6

「曖昧」にしたほうがよいこともある

――白黒つけないのは優しさのあらわれ

「前向きに善処いたします」

「一考させていただきます」

ビジネスシーンでは、その場で判断を下さないときにこんなやり取りがよく聞かれます。政治家のコメントでも多く使われます。

日本人の間ではふつうのやり取りですが、**契約に基づいてものごとを進める欧米人は、このような日本人の曖昧な表現を嫌がります。**

たしかに「前向きに善処いたします」には、「建設的に取り組みます」というポジティブな意味と、「できるだけ努力します」というややネガティブな意味があります。ビジネスパーソンや政治家が使う場合は、後者の意味が多いように見受けられます。

「一考させていただきます」も、「前向きに検討します」の意味より、「難しいけれど、一応持ち帰って考えます」といった意味合いが強いですね。

なぜ、日本人は曖昧な表現をするのでしょうか——。

それは、意見がなかったり、決められなくて曖昧な表現をしているわけではありません。

古来、日本人は「和」を大切にする民族です。たとえ相手の要求をのめないと思っても、頭ごなしに断るのは失礼だからと、相手を思いやって、曖昧な表現をしているのだと思います。ですから、この曖昧さは必ずしも悪いことではないと私は思っています。

「白黒をつけない」「グレーゾーンを容認する」というのは、仏教の教えの根本にある「中道《ちゅうどう》」という考え方に通じます。

日本人の曖昧さと寛容さは、相手を傷つけない、相手をとことんまで追い詰めないというやさしさなのです。

しかし国際化が進むなかで、イエス・ノーをハッキリ伝える日本人が増えてきたように思います。それも必要なコミュニケーション力ですが、**すべてをその場でハッキリさせるという姿勢で臨めば、相手との関係を円滑に保てなくなることもあります。**

人それぞれのバックグラウンドを認めあう

「両忘《りょうぼう》」という禅語があります。

よいも悪いも、好きも嫌いも、一切忘れなさい、という意味です。

白か黒かという二元論ではなく、ひとつの価値観にとらわれない生き方をすれば、見えなかったものが見えてきます。

あなたが、「これが正しい」と思っていることは、ほんとうに正しいでしょうか。大前提として、時代や場所によって正解は違います。それを冷静に受け止めることが大切です。

今、ダイバーシティ（多様性）を担保することが企業の常識になっています。

ダイバーシティとは、さまざまな民族、性別、性的指向など、人々の多種多様なバックグラウンドのことです。これらの違いを認めあい、尊重しあうことです。

意見の違いがあっても、徹底的に相手をやり込めてはいけません。相手のいいところを素直に認める懐の深さが大切です。

仏教は「個の尊重」をテーマにしており、ダイバーシティの思想と親和性が高いと思います。

2-7

自分を大事にする人は相手も大事にできる

——この逆はない

人より先に行きたい、という気持ちは誰にでもあります。通勤で道を歩いていても、とくに急いでいるわけではないのに、前を歩く人を追い越そうとちょっと足早になってしまう。

私たちは生まれたときから競争社会を生きているので、人より先に行きたいという気持ちが自然に植え付けられているのだと思います。

だから、**人に後れを取ってしまうと心が揺らぎます。**自分がダメ人間のように錯覚し、ひどい場合には自己嫌悪に陥ってしまう人もいます。

「ゆずる」を本書のテーマにしたのも、人より先を目指すより、**競争から一歩離れて、お先にどうぞの気持ちをもてば、自分をもっと好きになれることを知ってほしかったからです。**

自分を好きになれる人は、人も好きになれる人です。何かを好きになると、必然的に好きなものを大切にするようになります。

たとえば、自分を好きな人は「健康管理」を大切にしています。忙しいからといって昼食もとらずにがむしゃらに働いたり、連日飲み会を繰り返していれば体調を崩すのは当たり前です。若いころは体力でカバーできても、年を重ねていくうちに回復力が鈍り、疲れがたまっていきます。ひいては大きな病気になりかねません。

忙しくても、昼食をしっかりとる、残業を連日つづけない、休肝日をつくるなど、自分の健康管理をしっかりとしてください。

自分の健康管理ができる人は、他人に対しても自分の経験を踏まえて、「そろそろ休憩を入れたほうがいいんじゃないか」、「残業がつづいているから、今日は定時で帰ったほうがいいよ」という気づかいができます。

いっぽうで、**自分が無理をしている人は、部下がヘトヘトになっていても「まだ頑張れるだろう」と平気で言ってしまいます。**そして部下が倒れてしまってから、「えっ、なんで?」と驚きます。

小さな変化に気づく

自分を大切にするという意味では、日常生活のルーティーンが効果的だと思います。

毎日決まった所作や動作を繰り返していれば、小さな変化に気づくからです。

私の場合は、ご本尊さまの前で行う朝のおつとめが健康管理のバロメーターになっています。これが50年以上ほぼ毎日つづいているモーニング・ルーティーン。ですから、**その日の朝の第一声で今日の調子がだいたいわかります。**

声がポーンと透き通って出ると、「おっ、今日は調子がいいな」と感じますし、少し喉がガラついた感じだと、「おや、今日は少し用心したほうがいいな」と思います。

また、朝食の梅干しを食べたとき、あまり酸っぱく感じなければ、体調が思わしくない日です。味覚が鈍っているのは調子がいまひとつの証拠です。

自分の小さな変化に気づく人は、周囲の人の変化にも気づける人です。

「今日はちょっと風邪声だね。気をつけたほうがいいよ」、「顔色がすぐれないようだけど、体調が思わしくないの」などと声をかけられます。

さらに、「あっ、今日のネクタイ素敵ですね」と、こんな気づきの声かけもできるようになります。

2-8

損して"徳"取れ

——最初の一歩を踏み出せないときの対処法

新たに何かをはじめようと思ってもなかなか踏ん切りがつかない、こんなところで立ち止まって迷っていられないことはわかっていても一歩を踏み出す勇気が湧かないことがあります。

その根底には、**もしも失敗し、お金、時間、労力などの損失が生じてしまうのが怖いからという思いがあります。**

企業経営でいえば、このタイミングで成長株の事業に投資すれば会社の業績は上向くだろうと感じていても、目先の数字が落ち込むことから投資に舵を切れないといったケースです。

オーナー社長ならある程度思い切って決断できますが、サラリーマン社長は自分の代で損失を出したくないので、次の代にバトンタッチするまで現状維持でやり過ごそうという気持ちがはたらくでしょう。

プライベートでいえば、将来を見据えて英会話を習おうと思っても、授業料の高さや仕事の忙しさを理由に二の足を踏んでしまうというようなことです。

そこで、「損して得取れ」ということわざがあります。

将来、大きな利益を得るためには、目先の小さな損に気を取られず、長い目でものごとを見よ、という意味です。

成功への呼び水として、はじめに損をしろということではありません。最初に使うお金、時間、労力はすべて、将来へ向けた生きた投資である、そう思えたら思い切って一歩を踏み出しなさい、ということです。

私は**「損して〝徳〟取れ」という気持ちが社会にもっと広がればよいと思います。**「得」ではなく、功徳の「徳」です。自分のためばかりでなく、人のため社会のために積極的に取り組む姿勢がよい社会をつくっていくはずです。

よいタイミングを熟慮する

新しいことに取り組むには相応のエネルギーやパワーが必要です。ですから、「ここぞ！」というタイミングが大切です。

自動車産業でいえば、新世代の主流になるのはＥＶ（電気自動車）かＦＣＶ（燃料電池自動車）か、はたまたＣＮＧ（天然ガス自動車）か――。開発の方向性を見極めるタイミングに社運がかかっています。

私が住職をつとめる建功寺でも、本堂の建て替えのタイミングに苦慮しました。資金が貯まってからと思っても、物価が先にどんどん上がってしまえば、資金繰りが追いつかず、いつになっても建て替えられません。本堂は老朽化するいっぽうです。

お檀家さんのお力添えも必要ですから、景気が悪いときよりも、社会全体が上向いている時期であることも大切です。最後は、住職である私が「今しかない！」という時期を決断。なんとかよいタイミングを見計らうことができ、建て替えを無事に終えました。


「ここぞ！」のタイミングを見極めたら、あとは失敗を恐れず勇気を持って、ことに当たりましょう。明るく前向きに、夢を抱いて前進あるのみです。

「不動心《ふどうしん》」という禅語があります。

何ごとにも揺れ動くことのない不動明王の精神を意味します。

決断したら、多少の困難にぶち当たっても絶対に乗り越えてみせるという気迫でエネルギーを注ぎ込み、動き出すのです。

第3章

「焦らない」はやく、はやくと

3-1

「ときの縁」に逆らわない

——ためらうとチャンスは逃げていく

人との出会い、仕事との出会い、モノとの出会い――。

人生には数え切れないほどの巡りあいがあります。

仏教では、すべての巡りあいを「因縁」と呼んでいます。私たちがいつもの会話で使っている〝縁〟のことです。

「ご縁があったら、またお目にかかりたいですね」

「いい縁に恵まれてよかった」

「あの人とは縁がなかったと思ってあきらめよう」

など、馴染みのある言葉ですね。


「因縁」というと、前世からの宿命のように感じ、「因縁の対決」「因縁の仲」「土地の因縁」など、あまりよい方向の言葉として使われませんが、本来はそうではありません。

因縁とは、**ものごとを生む直接的な原因（内因）と、それを助ける間接的な原因（外縁）のことです。**つまり、この世に存在するすべては、巡り巡ってつながりあっているということです。

たとえば、同じ会社に勤めていたことで知り合い、結婚したカップルは、たまたま偶然ではなく、社風に惹かれて同じ会社を選び、仕事ぶりだったり趣味だったりで意気投合する要素があったからこそ結ばれたのでしょう。それは、仏さまが導いてくださったご縁なのです。

そのときだからこその良縁

「やりたい仕事が巡ってきたのに、ちょっと規模が大きすぎて尻込みしてしまった」

「いい物件があったのに、数日迷っているうちに売れてしまった」

このような経験は、誰にでもあると思います。

「縁」とは、ときと場所、いろいろな巡りあいがあります。良縁にもなれば、悪縁になる場合もあります。

これはチャンスだと思えば良縁です。

「ためらう者にチャンスなし」という格言もあるように、チャンスは一度のがしてしまうと次はなかなか巡ってきません。〝そのときだからこその良縁〟なのです。

それが「ときの縁」です。

チャンスが巡ってきたら、どうすればいいか――。

「どうだ、チャレンジしてみないか」と推してもらったときに、躊躇なく、他の何をおいてでも挑戦する。そして、それだけに集中して取り組むことです。

もし、「ときの縁」ではないと感じたなら断ります。いやいや無理をして進めてもうまくいきません。それはご縁がなかったということです。

「すばらしい縁なんて、めったに巡ってこない」と嘆いてはいけません。**「ときの縁」を呼び込むために常に下地をつくっておくのです。**

前述のとおり、すべては巡り巡ってつながりあっているのですから、いつもそのことを考え、いつチャンスが巡ってきてもいいように努力をつづけることです。そんな人に仏さまはご縁を運んでくださるのです。

「善因善果《ぜんいんぜんか》、悪因悪果《あくいんあっか》、自因自果《じいんじか》」という言葉があります。**よい行いをしていればよい報いが得られ、悪い行いには悪い結果が起こる、そして自らの行いは自分に返ってくる、という意味です。**因縁とはそういうもの。胆に銘じたい言葉です。

3-2

「同じ土俵」にのらない

――人は人、自分は自分

同僚のほうが仕事が早い。同期のアイツが自分より先に主任になった——。

現代はスピード偏重社会ですから、**仕事でも出世でも、人より後れを取ると不安を感じる方も多いと思います。**作業や出世のスピードだけでなく、判断や動作にもスピードが求められているようです。また、自分にちょっとゆずる気持ちがあると、相手にどんどん先を越されるということもあるでしょう。

だから、隣席の同僚などの様子をのぞき見して、相手のほうがサクサクと仕事を進めていようものなら焦ってしまいます。

作業のやり方には個人差がありますから、極端に作業が遅いならともかく、多少の差は気にすることはありません。それはわかっていても、後れを取っていれば浮き足立ってしまいます。

スピードを気にするのは、常に誰かと比べているからです。比較する相手がいなければ焦ることもありません。脇目をふらず自分のペースで、自分の納得のいくやり方で進めればいいのです。

上司から「キミはみんなと違ってじっくりと仕事をこなすタイプだねぇ」などと嫌

みをいわれても、「そうなんですよ。量より質のタイプなんです。はっはっは〜」と笑って、サラッとかわしておけばいいのです。

同じ時間でやれる量は少なくても、丁寧にミスなく仕上げていれば、かならず評価されます。早く仕上げてミスが多かったり不良品があれば、やり直しにかえって時間がかかります。さらに、丁寧なだけでなく、そこに他の人にはできない自分なりの工夫を加えることができれば、さらに評価は上がります。

要は、**「スピード」という同じ土俵にのらなければいいのです。**

あなたは、自分自身の「質」の土俵で、黙々と仕事をこなせばいいのです。あなたの個性に気づいてくれる人はかならずいます。

主人公になりきる

じつは、**人間は「自分のペース」でしか能力を発揮できないものです。**自分の成功体験を思い出せばわかります。

いくつか受験し合格したときの入学試験では、あわてずに自分のペースで解答できたはずです。入社試験に合格したときの面接では、会場の雰囲気にのまれずに落ち着いて自分のペースで応答できたことでしょう。このように、**「自分のペース」でものごとを行えば、よいパフォーマンスを発揮できるのです。**

「相手と同じ土俵にのらない」ということでいえば、見栄の張り合いも同じです。たとえば友人がブランド物のバッグを新調したら、「うらやましいなぁ」という気持ちになり、無理をして自分も高級バッグを新調してしまった、というようなことです。あるいは、わが子の友だちがバイオリン教室に通いはじめたからウチの子も通わせるなど、子どもの向き不向きも考えずに同じ土俵にのるなんて、まったくトンチンカンなことになるかもしれません。

「主人公《しゅじんこう》」という禅語があります。

一般的には「物語の中心人物」の意味で使われますが、**禅では「本来の自己」（本当の自分）をいいます。**「一点の曇りもない、持って生まれたまっさらな心」のことであり、**自分のなかにある主人公に出会うために禅僧は修行しているのです。**

主人公になりきることが、相手の土俵にのらずに自分のペースで生きることです。

3-3

忙しいときこそ「季節」を感じる

——ひと息ついて、また始めればいい

「あぁ、次から次へと仕事をこなしているうちに、一年が経ってしまった」

「気がつけば、また一年終わってしまった。時間が経つのが早すぎる……」

大人になるにつれて一年が、あっという間に過ぎるように感じるのは、気のせいではないようです。この現象を心理的に説明しているのが「ジャネーの法則」です。

この法則は、**「人生のある時期に感じる心理的時間の長さは、年齢に反比例する」**というもの。つまり、大人になると新たな体験が減って記憶に残らないから時間が短く感じるのだそうです。

毎日同じリズムで仕事や家事をしていると、なおさらかもしれません。

時間の感じ方はともかく、毎日同じことの繰り返しで一日が終わっていく人生がつまらないと思っている方もいるでしょう。自分が成長していないのではないかと悩むかもしれません。

仕事で走りつづけてきた人や、つまらない毎日にメリハリをもたせたい人に、カウンセラーなどは仕事以外に趣味や生きがいを持てばいいといいます。

私は、**日常に季節感のある小さな変化をつけることをおすすめします。**

季節の行事に目を向けてみる

日本には、季節ごとにさまざまな年中行事があります。そのような行事を生活のなかに入れ込んでいくと、日常にメリハリが生まれます。

たとえば、「瑞気満堂春《ずいきまんどうのはる》」という禅語があります。

「瑞気」とは、めでたい気分のことです。**新春の朝、窓を開け放つと清々しい風が堂内に満ちて新鮮な気持ちになる、という意味です。**お正月、この言葉をしたためた軸を茶室などに掲げます。

「立春」の前に豆まきをして鬼を追いはらう「節分」といえば2月だと思いがちですが、本来は四季の節目をいい、「立春」「立夏」「立秋」「立冬」それぞれの前日にあります。

また、夏の終わりの「立秋」前、夏バテ防止にウナギを食べることで有名な「土用の丑の日」で知られる「土用」も、**本来は季節の終わりの18日間をいいます。**最近では、立秋前以外の土用の丑の日にもウナギの売り出しをやっているスーパーやデパートもありますね。

あるいは、中国由来の「五節句」もあります。1月7日は「人日《じんじつ》の節句《せっく》（七草の節句）」、3月3日は「上巳《じょうし》の節句（桃の節句）」、5月5日は「端午《たんご》の節句（菖蒲の節句）」、7月7日は「七夕《しちせき》の節句（七夕まつり）」、9月9日は「重陽《ちょうよう》の節句（菊の節句）」です。中国では奇数が重なる日を縁起のよい日とされていました。なお、新年の始まりである1月1日は別格として、かわりに1月7日を節句としたそうです。

春と秋の年2回ある「お彼岸」は、季節を感じさせてくれる仏教行事です。「春分の日」と「秋分の日」を中日とする前後3日間を合わせた各7日間をいいます。また、先祖の霊をむかえて供養するお盆も仏教行事です。

四季の移ろいを感じるという意味では、「衣替え」もとてもよい習慣だと思います。

近年は気候変動もあり季節感が薄れてきました。**そんな昨今だからこそ、さり気なく四季を感じさせる色やデザインの服を選んでみるのも日常の刺激になります。**

3-4

「寝る前」の時間を大事にする

——慌てることがなくなる一番の方法

皆さんは毎朝、気持ちよく目覚めていますか？

私は毎朝4時半に起床し、朝のおつとめ前に執筆や庭園デザインの構想を練ったり、庭仕事をしています。

快適な朝を迎えるためには、就寝前の過ごし方がすべてです。

私は、**就寝前にその日一日に区切りをつけることを心がけています。**それは仏さまへの報告です。

「ミスをした弟子にきつく言い過ぎたかもしれません。明日から愛語で接するように心がけます」

「クライアントへの説明が足りませんでした。この次は、もっと丁寧に伝わるように話します」

もちろん、よかったできごとも報告します。

「クライアントに庭のできばえを感謝されました」

「今日はテーマに沿ったいい講演ができました」

今日一日を振り返り、仏さまにお話しするのです。本堂ではなく、住まいにある仏壇の前で、手を合わせ、時間にするとほんの2、3分です。**就寝前に頭の中を整理することで気持ちがスッキリしてよく眠れます。**

寝る前に今日の残念なことを思い出すと、かえってモヤモヤした気持ちを引きずって眠れなくなるのではと感じるかもしれませんが、そうではありません。思い出すだけでなく、**「明日からはこうします」と反省すべき点に結着をつけるのです。**一日を清算するのです。

一日を振り返る効果は快眠だけではありません。同じ失敗を繰り返さなくなり、成功体験はしっかり記憶に残ります。

朝イチに一日を見通す

できるビジネスパーソンはもちろん、毎日生き生きと暮らしている人は皆、スケジュール管理をしっかりしています。作業や活動の予定時間を見積り、「ＴｏＤｏリスト」を作成している人も多いことでしょう。

スケジュールどおりに仕事をこなしていければよいのですが、なかなかそうはいかないのが現実です。予定どおり進まなければ間に合わせようと焦ってしまい、ミスも起こりがちになります。

私は毎朝、「一日を見通す」作業をしています。

朝目覚めるとすぐに、香り高いお茶とお線香を仏壇にお供えし、無事に朝を迎えられたことに感謝して合掌をします。そして、今日一日のスケジュールを仏さまにお伝えします。

それは、詳細な行動予定ではなく、「午前はどこそこで何をし、午後に来客があり、そのあとは執筆があります」という程度の一日の大まかなビジョンを仏さまにお伝えすることで、自分の頭の中で今日の過ごし方が整理されていきます。

それによって、**やらなければならないことが多い忙しい一日でも心の余裕が生まれ、多少予定どおり進まなくても、慌てることが少なくなりました。**

3-5

マイペースを貫く

――その場の空気に流されない人も必要だ

「キミはマイペースだね」

上司や同僚から言われたら、あなたはどう感じますか。

ほめ言葉と受け取る人は少ないでしょう。

「マイペース」という言葉に対しては、「自分の都合を優先して協調性がない」、「時間を守れない」、「融通が利かない」、「こだわりが強く頑固」、「メールやＬＩＮＥのレスポンスが遅い」――などなど、ネガティブなイメージを持つのではないでしょうか。

たしかに、周囲の状況を考えずに自分勝手にものごとを進めていくなど、順応性がないとマイペースはネガティブです。

しかし、「マイペース」をネガティブなことと決めつけるのはいかがなものでしょうか。**自分のペースをしっかり守りながらも、周囲の状況に合わせることができれば、ウエルビーイング（最高善）です。**

そうした「いいマイペース」な人のセールスポイントを挙げてみましょう。

「周囲の意見を気にしない」、「決断力に優れている」、「いつも冷静でいられる」、「自分のペースでものごとを進めていける」、「楽観的でいつも前向きでいられる」、「一人でいても力を発揮できる」――。

焦らずにマイペースで過ごすことができれば、人生はもっと楽しくなるはずです。

「マイペース」を長所にする方法

秀でた活躍ができる人は皆さん、マイペースです。

「人間は自分のペースでしか能力を発揮できないものだ」と前に述べましたが、いい意味でマイペースな人のほうが、いい仕事ができると私は思います。

マイペースをプラスにはたらかせるコツを考えてみましょう。

まず、マイペースな人は「早く、早く」と急かされることが苦手であるいっぽう、時間にある程度の裁量を与えられるとパフォーマンスが上がります。

自分がどんなやり方をすれば力を発揮できるか知っていますから、まさに〝水を得た魚〟です。

上司から「この報告書を3日後までにまとめて」と言われたら、思い切って「1週間時間をください」とお願いしてみたらいかがでしょうか。焦らずにマイペースで仕事をすれば、きっと素晴らしい報告書を仕上げられるはずです。

そんなことを繰り返していくうちに、皆にあなたのほんとうの仕事力を知ってもらえます。

また、マイペースの人は空気が読めずに皆の和を乱しやすいと思われがちですが、**裏返せば、おおらかで楽観的であるというプラス面があります。**

不測の事態が職場内に起こり、緊張が走ったときでも右往左往せず、その場の雰囲気に流されず、冷静に判断できます。**肝心なときに頼りになる存在なのです。**

「自灯明《じとうみょう》、法灯明《ほうとうみょう》」というお釈迦さまの言葉があります。自分自身を信じ、永遠不滅の仏の教えをよりどころとして生きなさい、という意味です。

つまり、**「自らの意志によって生きなさい」とお釈迦さまは教えています。**

それが幸せに生きる道です。

3-6

「先」に苦労して「後」でラクをする

――心に余裕を持つための先人の知恵

期日が迫らないと焦らないのは、人間の性といえます。人間誰しも怠け心が潜んでいますから、**楽なほうへ、都合のいいほうへと進んでいくものです。**

しかし、いざ納期間際や年の瀬になると気が急いて心が落ち着かず、ものごとが思いどおりに進められないことがあります。

焦らないためにはできるだけ早めに手をつけて、途中で何か起こっても大丈夫なように先行させるのが賢明です。

中国の宋時代の政治家・范仲淹《はんちゅうえん》の「先憂後楽《せんゆうこうらく》」という言葉があります。為政者の心得を述べたもので、「優れた為政者は、国のことについて人々が心配しはじめる前に心配し、人々の後に楽しむものだ」という意味です。ここから、**「先に苦労すれば、後で楽ができる」**という意味で使われるようになりました。

「納期まで、あと10日もある。3日間で終わる仕事だから、来週から始めても大丈夫、間に合うだろう」

そのように考えて後回しにしがちですが、突発的なことが起こらないとも限りません。というより、そのようなときに限って何かが起こるものです。だからこそ、時間に少し余裕を持って始めるようにしたいものです。

たいていの仕事は、はじめにもっともエネルギーを要します。初めての仕事だったらなおさらです。まず先に苦労しておくべきです。

追い込まれたほうが力を発揮できるという人もいるかと思いますが、せっぱつまって不測の事態に対応するのは〝先楽後憂〟になってしまいます。

自分と約束する

私の場合、平行して行う仕事が多いので、仕事を溜めると後が大変になることがわかりきっています。ですから、「先送りしない、できることは先行する」を常に心がけています。

これは、怠け心を起こさないための「自分との約束」です。

怠け心が出た自分を管理するのは、自分自身です。

なかなか仕事を先行してできない人、モチベーションが上がりづらい人は、「明日があるさ」と思っているからです。極端にいえば、もし余命宣告を受けた人なら、そんな悠長なことはいっていられません。

今日と同じ明日が来る保証は何ひとつありません。たしかなのは「今、自分がここに生きている」ということだけです。

「而今《にこん》」という禅語があります。

大切なのは「今」ということの瞬間であり、やるべきことをやれるのは「今」をおいて他にない、という意味です。**先送りするのは、大切にすべき「今」をないがしろにしているということです。**

仕事にしろ家事にしろ、面倒だなと思っても、とりあえず取りかかってみると意外とはかどるものです。最初の一歩を踏み出すのが苦労であり、それをクリアできれば後はラクになります。

3-7

〝失敗上手〟になる

――うまくいく人の心の切り替え方

頑張っているつもりなのに、なかなか結果が出ない。

結果が出ないから焦る、次こそ結果を出そうと思えば思うほど、さらに焦って空回りする。そんな負のスパイラルに陥ってしまったら、抜け出すのは難しいですね。

うまくいかないとき、どのように対処するか――多くの人がやってしまうのは、次の二つのパターンです。

ひとつは、さらなる失敗をおそれて消極的になること。ほんとうは何らかの変化を求めて一歩を踏み出さなければならないのですが、それができません。

もうひとつは、次こそは結果を出せるという根拠のない自信を持って、さらに頑張ること。たいていは頑張りが空回りして、さらに負のサイクルの深みに入り込んでしまいます。

どちらを選択しても負のサイクルからは脱却できません。

それでは、どうすればいいのか――。

負のサイクルに入り込んでしまったときに、することはただひとつ、**いったん立ち止まることです。**そして、なぜうまくいかなかったのかを検証してください。

多くの人は焦るばかりで、失敗の原因を振り返っていません。
たしかに失敗を思い出すと、辛くなるのも事実でしょう。すぐにでも忘れてしまいたいものであり、二度と思い出したくないかもしれません。しかし、失敗の原因がわからずに次に進んでも、同じことを繰り返すばかりです。

私の経験からいえば、プロセスのすべてが間違っていたということはあり得ません。**9割方は正しいことをやっているのに、どこかで判断ミスをしたり、行動を間違えてしまったということがほとんどです。**

ですから、一度立ち止まって失敗の原因を明確にすれば、次に同じミスはしなくなります。失敗を置き去りにしないことが大切です。

失敗したときと同じようなシーンに遭遇したら、「よーし、来た、来た」と迎え入れ、しっかり対処します。こうして失敗を克服することができれば、それが自信につながります。

失敗を成長の種にできる人

「七走一坐《しちそういちざ》」という禅語があります。

「七回走ったら、一回坐って自分を見つめ直しなさい」ということです。

これは、「休憩」の大切さを教えてくれる言葉なのですが、**同時に「つまずいたときには一度立ち止まって、その原因を確認しなさい」という戒めの言葉でもあります。**

ビジネスシーンでは、いったん立ち止まって過去を振り返る余裕なんてないと思う方も多いはず。それも「失敗」という過去なら思い出したくもないでしょう。しかし、失敗の原因を究明しなければ、次にまた同じ失敗を繰り返すことになります。

「失敗したところでやめてしまうから失敗になる。成功するところまで続ければそれは成功になる」

松下電器（現・パナソニック ホールディングス）を創業した松下幸之助の言葉を借りるまでもなく、失敗は成功への近道です。逆にいえば、失敗が重なる負のスパイラルに陥っているときこそ、じつは成功がすぐそこにあるときなのかもしれません。

3-8

人を急かさない

——「もっと早くできるはずだ」が怒りのもと

コンビニやスーパーのレジ、駅の券売機などで前の人がモタモタしていると、ついカッとしてしまうことがありませんか。

お年寄りが要領がわからずモタついていたり、一所懸命に財布の小銭を取りだしているなら少しは我慢できますが、若者がスマホを操作しながら後ろの行列を気にせずだらだらと支払いをしていたら、怒りがこみ上げてきます。

後ろに並んでいる人から、「早くしてくれっ！」、「なにモタモタしてるんだ！」など と罵声が聞こえると、自分もそんな気持ちだったので誰かが言ってくれてよかったと思ってしまいます。

このように目の前のできごとに瞬間的に反応してしまうことがありますが、お年寄りへの罵声だったら、**なにもそんなにきつく言わなくてもいいのにとかばう気持ちにもなり、なんとも後味が悪いものです。**もう少し気持ちに余裕を持って、人に優しく接したいものです。

そんなときは、「なぜモタついているのかな？」と、その人を観察してみてはいかがでしょうか。

お年寄りや若者から、いいことを教わったと思えば怒りもおさまります。

将来、自分も年を取ったら、レジの前にあらかじめ財布を出しておこうとか、券売機に並ぶ前に乗車運賃を確かめておこうと思います。若者の〝ながらスマホ〟を反面教師として、自分の子どもに気をつけるよう伝えようと思います。

怒りは頭まで上げない

「怒り」のことを、「頭に血が上る」、「頭にくる」などとよく表現しますが、これは比喩ではありません。

実際に、怒ると興奮状態となって血流が急激になり、脳へ酸素を不必要に供給します。それにより判断力が異常になり、ものごとを客観的に見ることができなくなるようです。

仏教では、「怒り」は心が毒されている状態であると考えます。

煩悩の根本は、「貪《とん》・瞋《じん》・痴《ち》」という「心の三毒」にあるとされます。そのひとつ「瞋」が怒りや憎しみを意味します。

目の前のできごとについカッとなったときは、「今、私は心が毒されている」と自覚してください。そして、「怒りは頭まで上げるな、この感情は腹におさめておけ」と、意識を腹に集中させ、2、3回ゆっくり呼吸するとよいでしょう。

腹とは、丹田《たんでん》（おへその下あたり）のことです。呼吸すると、自然に怒りの感情も消えていきます。

2020年に他界された曹洞宗大本山總持寺元貫首・板橋興宗《いたばしこうしゅう》禅師は、怒りを腹におさめておく方法として、こうおっしゃいました。

「カチンときたら、ひと呼吸おく。そして〝呪文〟をとなえる。わしの場合は〝ありがとさん〟を3回いう」

これをうかがって私も見習っています。

〝呪文〟は、自分にピタッとくるものを決めてください。

「気にしない、気にしない、気にしない」、「放っておく〜」、「大丈夫〜」——、気持ちがスーッと落ち着いていくのがわかるはずです。

3-9

「優劣」で考えない

——それが、焦りをなくす最高の知恵

「いいなぁ」、「うらやましいなぁ」――。

人を「うらやましい」と思う気持ちは誰にでもあります。人間としてごく自然の感情です。

その「うらやましい」という感情が「自分もそうありたい」というポジティブな気持ちであれば、自分をワンランク成長させる力になります。しかし、そのように「うらやましい」を肯定的にとらえるのはなかなか難しいものです。

たいていは、〝隣の芝生は青く見える〟ように、自分を卑下してうらやましがっているのが現実ではないでしょうか。

「裕福な家庭に育った彼女がうらやましい」

「彼はものすごい才能があってうらやましい」

「彼にはいつも楽しそうな仕事がまわってくる。いいなぁ」

うらやましいという思いを自分の心の中でコントロールできれば平穏に暮らせます。

しかし、「うらやましい」感情がエスカレートすれば、嫉妬心となり、さらにそれを憎しみの感情にまで発展させれば、人間関係にまで影響します。

「莫妄想《まくもうぞう》」という禅語があります。妄想することなかれ、という意味です。妄想とは、心を縛るものすべてをいいます。**「考えても仕方がないことをあれこれと想像してクヨクヨするな」ということです。**

人を見るより自分を掘り下げて見る

禅では、誰かと自分を比べることを強く戒めています。

人をうらやましく思う気持ちが強い人は、自己肯定感が低い人です。他人からの評価を気にしすぎ、小さな失敗をしただけで自信をなくしてしまいます。

ダメ人間なんかじゃないのに、人と比較して自分が劣っていると感じる〝癖〟があるのです。

うらやましがる〝癖〟がある人は、ものごとを「優劣」で判断しがちです。

そうした人は、**優劣ではなく「違い」ととらえてください。**そして「違い」を面白がってください。

「彼は新車を買ったそうだ。ぼくは10年落ちの車を今もかわいがっている。全然違うよね、まったく面白い！」

「彼女の英会話はとても流暢。私は片言しか話せないけど、外国人とのコミュニケーションは楽しいわ。全然違うけど、あぁ面白い！」

「彼女はたくさんの人に好かれている。私はたくさんの人を好きになるのが上手。真反対なところが面白いね！」

人との違いを面白がっているうちに、自分は他の人にはない良いものを持っていることに気づくはずです。うらやましがっているあなたも、人から見れば、案外、幸せに暮らしているのです。

違いは個性であり、それは魅力でもあります。

現代社会の大テーマである「ダイバーシティ（多様性）に寛容な社会」において、「個性を発揮する」、「個性を尊重する」という考えは広く共有されています。

人との違いを面白がることとは、焦りをなくす最高の知恵なのです。

迷ったら、ゆずってみるとうまくいく

第4章 むだに「威張らない」

4-1

怒りを分散させる

——怒りの感情は、腹に留める

「威張る」といえば、政治家の暴言や失言がいつも話題になります。かつては吉田茂首相が、国会中の質疑応答にカッとなり、「バカヤロー！」と暴言を吐いて解散に追い込まれたことがありました。

「短気は損気」――昔からよく使われることわざで、短気を起こすと結局は自分が損をする、という戒めです。

すぐにカーッとなる〝瞬間湯沸かし器〟型の人でなくても、ちょっとイライラして言わなくてもいいことまで言って、ひんしゅくを買ってしまったという経験はあるでしょう。まさに「短気は損気」です。的を射た言葉ですね。

一度口から出てしまった言葉は、鉛筆で書いた文字のように消しゴムで消すことができません。暴言や失言はいつまでも人の心に残るので、心が乱れているときの発言には細心の注意が必要です。

仏教では、**怒りの感情は頭まで上げずに、腹に留めておくようにと教えています。**前述しましたが、意識を腹に集中させ、ゆっくりと呼吸することで自然に怒りの感情も消えていきます。**カッとしたらすぐに反応せず、時間を稼ぐのです。**

一時の感情に動かされて行動したり、結論を急いではなりません。

感情とうまくつきあうためのアンガーマネジメントというトレーニングがあります。怒り（anger）＋管理（management）の合成語で、怒りをうまく分散させ予防する効果があるそうです。

アンガーマネジメントでは**「6秒ルール」**を推奨しています。とっさに感じた怒りはただの反射なので、すぐには発言しないようにします。6秒間置いてから発言すれば、暴言や失言は少なくなるそうです。

これは、仏教の教えと同じですね。**「売り言葉に買い言葉」という状況を回避する常套手段です。**

科学も認めた「坐禅」の効果

「カチンときたら、ひと呼吸おく」――そうしようと思っていても、実際には、ひと呼吸もおけずに暴言を吐いてしまうことが多いでしょう。

ひと呼吸おける自分をつくるために**〝かんたん椅子坐禅〟**をおすすめします。

お釈迦さまは、坐禅によって悟りを得て仏教を開きました。以来、坐禅は二千数百年つづく仏教の修行のひとつですが、今では、**ざわつく心を鎮めるリフレッシュ法として注目されています。**

かんたん椅子坐禅の方法は、次のとおりです。

①椅子の背もたれから離れた位置に浅く腰かけ、腰を立てるイメージで背筋をまっすぐにのばす。膝の角度は90度で両足の裏をぴったり床につける。両手をお腹の前で法界定印という印を組む。視線は1・5メートル前の床に落とす。

②丹田（おへその下75ミリあたり）に意識を集中させ、吐くときも吸うときも、できるだけゆっくり、長く深く呼吸する。

③3分から5分おこなう。一日何回でもかまいません。

心と呼吸はつながっています。かんたん椅子坐禅をつづけるうちに丹田呼吸が身につき、**日常でも呼吸がととのい、心に静けさがおとずれます。**

坐禅の丹田呼吸には、副交感神経のはたらきを高めてリラックスできる、「幸せホルモン」と呼ばれるセロトニンの分泌が促され、不安やストレスを軽減させるなどの効果があることが、科学的にも証明されています。

4-2

考える前に「謝る」

――それが人間関係を良好に保つコツ

どれほど細心の注意を払ったつもりでも、人間に完璧はありません。かならずミスをおかすことがあります。

ミスにもいろいろな種類があります。

いちばん多いのは「うっかりミス」でしょうか。齢を重ねるにつれ、「あっ、忘れた!」ということが、多くなってくるようです。また、見落としや聞き間違いなどの「思い込みミス」も多くなります。

うまくいくように考えた結果の「判断ミス」は、ガッカリ度が高いですね。

自分の慢心による「手抜きや横着のミス」に、弁解の余地はありません。

ミスを防止するためのひとつの方法として、自分のこれまでにおかしたミスを検証し、どのような種類のミスが多かったかを把握することが有効だと思います。

そして、自分がミスしたときに迷惑をかけた人がいる場合には、謝罪の仕方がもっとも大切です。謝罪は、人間性が如実に現れる場面です。

ミスをしたら、間髪をいれず、すぐに謝る。これが鉄則です。

「ごめんなさい」、「申しわけありません」、「皆さん、ご迷惑をおかけしました」――。

謝罪の言葉はありきたりでかまいません。すぐに頭を下げます。

誠意をもって謝ることで、人間関係を良好に保つことができます。

謝罪が遅れると、時間が経つにつれて億劫になります。相手からも「すぐに謝ってくれたらよかったのに」と悪い印象をもたれます。**謝罪には「今すぐ」という賞味期限があるのです。**

「前後際断《ぜんごさいだん》」という禅語があります。過去を悔やまず、未来を案じず、今なすべきことに全力を尽くす、という意味です。過去のことを現在においてやり直すことはできません。ですから、**すぐに謝罪して過去を断ち切り、今なすべきことに集中して取り組むのです。**

自分の過ちを素直に認めない人

会社でも家庭でも、自分の過ちを認めない人がいます。**迷惑をかけられたほうは、なぜ謝ってくれないのかとモヤモヤした気持ちになります。**まわりの空気もドンヨリするでしょう。

謝らない理由はいろいろ考えられます。

「プライドが邪魔して謝りたくない」、「自分のミスと認めたくない」、「自分が悪いと思っていない」、「謝る場面だと気づいていない」、「相手にも非があると思っている」、「ほんとうは謝りたいのにタイミングを逃してしまった」、「責任を取らされるかもしれない」、「自分の立場が弱くなってしまう」——。

かつて、謝らない人の代表は上司や家庭では家長といった立場のある人でした。ところが近ごろは、アメリカの訴訟社会よろしく**「謝れば損をする」という風潮を反映し、若い人でもすぐに謝らない人が少なくないように感じます。**

謝らない人は、自分で、自分の成長の足を引っぱっている人です。しっかり反省する機会を失うので、同じミスをおかしやすくなります。

怒りの感情は頭まで上げずに腹に留めておくよう前述しましたが、謝罪も同じです。**「あっ、ミスった」と思ったら、すぐに「ごめんなさい」と謝るのです。**

「どうしよう」という気持ちが頭に上ってしまうと、「自分の立場が弱くなる」、「謝るとなめられるんじゃないか」、「カッコ悪い」、「何とかやり過ごせないかな」などと保身の考えがわきあがり、謝る機会を失ってしまうのです。

4-3

「好き嫌い」で判断しない

——そうすれば、相手の「いい面」が見えてくる

エレベーターの前で苦手な上司とかち合ったら、「あっ、おはようございます」と笑顔であいさつしながらも、朝から嫌な人に会ったなとがっかりするでしょう。もちろん、あいさつにも気持ちがこもりません。

ところが、その上司が、「○○君、おはよう」とエレベーターのドアが開いた瞬間、にっこり笑顔で先に乗るよううながしてくれたら、あなたはどんな気持ちになるでしょうか。

これまで、とっつきにくいと思っていた上司に、親しみを感じるのではないでしょうか。

自分の思っている好き嫌いというのは、けっこう相手の上辺しか見ていないで決めつけているものです。

また、「この人、苦手だなあ」と思っていれば、相手も自分に対して苦手意識を持つもので、お互いによそよそしい関係になってしまいます。

そんなときは、**自分から苦手意識を捨てるとうまくいきます。**

前述の上司の例でわかるように、相手の固くなっている気持ちをほぐすことができます。自分が〝ゆずる〟ことで、です。

「○○課長、おはようございます！　今日は暑くなりそうですね」

明るくあいさつすれば、とっつきにくい上司でも、「おっ、そうだな。今日も頑張ろう！　よろしく頼むぞ」と、ポジティブな返事が返ってきます。

そんなことがつづいていけば、ふたりの関係性は次第によくなります。

あるがままを認めたら、好き嫌いなどなくなる

「喫茶去《きっさこ》」という禅語があります。「お茶を一服召し上がれ」という意味です。

中国唐時代の趙州《ちょうしゅう》禅師は、どんな客人に対しても「まあ、お茶でも召し上がれ」とすすめたという実話が語源です。ここには深い意味があります。

それは、**客人の貧富貴賤にとらわれず、人と接することの要諦を教えてくれます。**

苦手な人が来ても、趙州禅師のように「お茶でも召し上がれ」と言えるでしょうか。

誰とでも分け隔てなくつきあうのは、なかなかむずかしいものです。

それは、好き嫌いの判断の前に、頭で考えるからです。「この人は仕事を手伝ってくれるから好き」、「この人はたくさん注文をくれるから好き」、「この人はメールのレスポンスが遅いから嫌い」――。先に頭で、損得勘定をするといってもいいでしょう。

約束の時間ギリギリに来た人にも、遅れて言い訳をする人にも、誰にでも分け隔てなく「お茶をどうぞ」と、ねぎらいのひと言を言えるようになりたいものです。

そのためには、相手に対して先入観を持たないことが大切です。

先入観を持たないということでは、「悟無好悪《さとればこうおなし》」という禅語があります。

人に対しても、ものに対しても、あるがままを認めたら、好き嫌いなどなくなる、という意味です。

とくに、はじめて会うときには先入観は禁物です。名刺を見て会社の大きさや肩書きだけで、あるいは服装を見ただけで、その人物を判断してしまったら、その後、いいおつき合いができなくなります。

先入観を捨てれば、相手のいろいろな面が見えてきます。そうすれば仕事もやりやすくなりますし、人間関係も広がります。

4-4

相手だけが悪いわけではない

――原因が自分にあることも多い

「なんで、こんなこともできないんだ！」

「そんなこともわからないの？」

「なぜ、そうなっちゃうんだ⁉」

今どき、そんな言葉で部下を罵倒する上司は、パワハラで即アウトです。

しかし、「えっ、これにそんなに時間がかかるの？」、「こういうことじゃないんだよなぁ」などと、パワハラ・グレーゾーンの言葉で部下に注意をうながす上司は多いのではないでしょうか。

そのような上司は、**「自分ができるんだから相手もできるはず」**と思う人です。だから部下ができないことにイライラしてストレスを感じてしまうのです。

そもそも、自分ができることは他人も同じようにできると思うところに、大きな落とし穴があります。

部下が仕事ができないのは、誰のせいでしょうか？

それは部下のせいだけではありません。上司のマネジメント能力のなさが、大きな原因かもしれません。

人の能力は十人十色であり、それぞれに得手不得手があります。それを認識して業務を振り分け、チーム力をアップさせるのが上司の本来の仕事です。

部下が得意とする分野では、その能力を伸ばし、不得手な分野ではしっかりアドバイスやフォローをしてステップアップさせるのがポイントです。それがひいては企業の成長につながります。そのコントロールができるのがよい上司です。

「自分ができるんだから相手もできるはず」と思う上司は、**部下の表面的なことしか見ていないのでしょう。**

「こんなこともできないのか！」と言われたら、部下はどう感じるか——。

頭に浮かんだ言葉をそのまま口にするのではなく、相手の立場になって、相手に心を寄せて、その言葉がどう受けとめられるかを考えてみましょう。

できないときは素直に教えを乞う

いっぽう、部下の立場からすれば、自分のスキル不足でチームの足を引っぱってしまうのは辛いですね。そのうえ、上司からきつく叱咤されれば、いたたまれない気持ちにもなるでしょう。

あえて言います。そんなときは開き直ってください。

「こんなこともできないのか！」

叱咤されたら、シュンとならずに、「申しわけありません。やり方を教えてください！」とカラ元気を出して、教えを乞うのです。

できない自分を認めて開き直ってしまえば、案外ものごとは好転するものです。

「だったらパソコンを持って会議室に来い。教えてやるから」

そんな上司の言葉を引き出せたら、こっちのものです。

部下を叱るだけでなく、部下を成長させるのが上司の仕事なのですから。

そして上司も、「自分ができることは誰でもできる」と思うのは間違いだったということに気づいてくれるでしょう。

4-5

お金の勘違い

——「払っている方が偉い」という理屈は通らない

顧客が企業に対して理不尽なクレームや言動をするカスタマーハラスメントが年々増加しています。暴行、脅迫、暴言、居座り、不当な要求など、さまざまな迷惑行為があるそうです。

カスタマーハラスメントとまでは呼べなくても、顧客としての権利を主張する意識は、年々エスカレートしているように私は感じています。

それは、**「お金を払っているんだから、文句を言われる筋合いはない」という間違った権利の主張からきている**と思います。

バスや電車の中で「金を払ってるんだから、席を譲る必要はないだろう」と威張っている人。

ビュッフェスタイルのレストランで「お金払ってるんだから、残したっていいでしょ」と、大量の料理をお皿に残していく人。

そんな人には、「お金を払いさえすれば、そんなに偉いのですか。そんなに威張っていいのですか」と私は問いたい。

たとえば、レストランで高いお金を支払ったからといって、それは料理とサービスへの対価であり、**お客さんが偉いわけではありません。**店とお客さんは、対等の立場です。

それよりも、私たちは多くの動植物のいのちをいただくことによって生かされているのですから、感謝の気持ちが先にくるのが当然です。

お金さえ払えばいいという人は、**「俺は生かされているんじゃない。自分の力で生きているんだ。誰の世話にもなっていないぞ、文句あるか！」という意識なのでしょう。**

そのような、「お金、お金」の至上主義が世の中を席巻していることに、私はとても危機感を持っています。

権利の主張がまん延する要因もまた、SNSをはじめとするネット社会の発達だと私は思います。

いつも誰かと交流していることが当たり前になり、皆に気持ちの余裕がなくなりました。**常に何かに追われているように感じて過ごさざるを得なくなり、また、自己主張が強くなければ認められないという脅迫感もあるのだと思います。**

お金より大事なことは何か

世の中のすべてをお金で評価する〝お金至上主義〟がまん延し、日本人のほんとうのよさが忘れられているように思います。

世界における日本経済の地位は低下し、「失われた30年」など、弱い日本の記事がマスコミを賑わしつづけた影響からか、多くの日本人が自信を失っています。たしかに日本経済は低迷しつづけています。だからといって、**日本人の資質が変わるわけではありません。**

私は庭園デザインの仕事で、海外へ年に何度も出かけています。出かける度に思うのは、日本の住みやすさ、日本人の品格です。

「街中に清潔で快適なトイレがある」、「落としものや忘れものが見つかる」、「とても礼儀正しい」、「チップを渡さなくてもサービスが受けられる」――。

そんな、日本に住んでいれば当たり前のことが、ほんとうは〝有り難い〟ことだと感じます。日本を海外から俯瞰して見ると、お金よりもっと大事なことがあることを思い知らされます。

4-6

〝いい人〟にならない

——都合よく使われてしまいます

あなたは「いい人」でいたいですか――。

おそらく大多数の人は、YESと答えるでしょう。誰からも慕われるいい人でいたいのは、皆さん共通するところだと思います。

では「いい人」とはどんな人でしょうか。一般的には「好感の持てる人」、「気質のいい人」、「性格や人となりの好ましい人」といえるでしょう。

具体的にいえば、「いつも相手の立場に立ってものごとを考えられる」、「相手を思いやる気持ちがある」、「人に優しく接することができる」、「悪口を言わない」、「笑顔で接してくれる」などなど。

こんな人は、たしかに「いい人」です。

しかし、ほんとうに人のためを思ってではなく、**人に悪く思われたくないから「いい人」を演じている〝なんちゃっていい人〟が多数を占めている気がします。**

人に悪く思われるとストレスが増します。だから、それを避けるために〝なんちゃっていい人〟でいることで自己防衛しているのかもしれません。

断れるのがほんとうの「いい人」

じつは「いい人」の正体は、他人から見て「都合のいい人」である場合があります。いや、そのほうが多いかもしれません。

「都合のいい人」の好例は、**頼むとなんでもやってくれる人です。**

たとえ自分の仕事が手一杯でも、「お願い！　これ遅れちゃってて、手伝って」と懇願されれば、「わかりました」と手伝ってあげます。「あの人、私がこんなに困っているのに助けてくれなかった」と悪く思われたくないからです。

ところが、人を手伝ったがために自分の仕事が遅れそうになり、残業、残業の毎日。最悪の場合、手伝った仕事も遅れ、自分の仕事まで仕上がらなかったということに……。自分が「都合のいい人」でいることで、逆に人に迷惑をかけることになるのです。

ほんとうの「いい人」なら、自分に余裕がなければ、「ごめんなさい。今、私も手一杯で手伝えません。他の人にあたってください」と、はっきり断ります。それが人に迷惑をかけない最善の方法だからです。ほんとうの「いい人」とはそういう人です。

おそれるべきは、**「都合のいい人」を演じつづけていると、素の自分がわからなくなることです。**

自分がこうしたい、ああしようと思っているのに、なんでも相手に合わせてしまって意見が言えないことがつづくと、自分が何をしたいのかどうでもよくなります。

「何食べたい」、「なんでもいいよ。合わせるよ」

「どこ行こうか」、「どこでもいいよ。キミの行きたいところにしよう」

それが恋人同士だったら、まさに、「いい人なんだけど、優柔不断で、いい人止まりなのよねぇ」と、残念な結果にならないとも限りません。

「いい人」になるのをすべてやめなさい、ということではありません。素の自分も出しながら、ほんとうの「いい人」と「都合のいい人」のバランスを保っていけば快適に暮らせると思います。

4-7

「うらやましい」に振り回されない

——「負」の感情に押しつぶされない方法

「いいなぁ、○○ちゃん家は豪邸で！　テレビは65インチの4K、クルマだってもちろん外車だよ」

「同期の彼、オレより先に出世した。たいした仕事してないのに、うやましいなぁ」

「隣の課のあのコ、イケメンの彼と結婚したんだって。それほど美人でもないのに、いいなぁ」

人をうらやむ気持ちは、老若男女、誰にでもあります。

「人をうらやんではいけない。うらやんでいたら自分が幸せになれない」と、子どものころから教えられてきた人が多いかと思います。

しかし、**うらやましいと思う気持ちはほんとうに「悪」でしょうか。**

「うらやましい」のそもそもの意味は、「他人の能力や状態をみて、自分もそうありたいと願うさま」と辞書にあります。

つまり、「友だちの家の大型テレビをみて、ウチにほしいと思う」、「同期が出世したのをみて、自分も出世したいと思う」、「顔見知りのコがイケメンと結婚して、自分もそんな彼がほしいと思う」のは、何も悪いことではありません。

大事なのはここからです。

「うらやましい」の感情が悪いほうにはたらくと、自分が情けないと思ったり、イジケてしまいます。さらにそれが、**「ねたましい」「憎らしい」という感情に発展することがよくないのです。**人の不幸を願うようになったら最悪です。

これが、「うらやましい」に振りまわされる、ということです。

「うらやましい」という感情を、「うらやましい」までで留めておく方法は、その事実だけを正面から受け止めることです。そして、ちょっとでも近づけるように自分が頑張ることです。

「○○ちゃん家のように外車を持てるように、頑張って勉強して一流大学に入るぞ」「同期の彼に追いつくように、目標を上げよう！」、「私も自分を磨いて、素敵な彼をみつけるわ」——このようにポジティブにとらえて、励みにするのです。

直接、本人をほめるのも効果的です。

「すごいな、同期の一番出世じゃないか！　オレも追いつけ、追い越せの気持ちでやってやるぞ」、「おめでとう！　私もあなたの彼に負けないぐらいの人をみつけるわ」

と、**ちょっとゆずって相手の幸せを正面から受け入れ、それを励みにするのです。**

チャンスは平等にやってくる

人間の能力に大差はありません。それなのに結果に差が出るのは、努力を継続できるかどうかにかかっています。

つまり、「継続は才能を凌駕する」と私は思っています。

禅修行の本質も、繰り返し続けることにあります。修行僧は、掃除、坐禅、読経……、酷暑極寒にかかわらず、修行の日々を送ります。

毎日毎日、同じことを繰り返すうちに、一つひとつの修行が習慣となり、身についていきます。**頭で覚えるのではなく、身体で覚えるのです。** 頭でお経の意味を理解しても、身体で覚えなければ、修行とはならないのです。

チャンスは誰にでも平等にやってきます。勉強でも仕事でもコツコツ努力を継続していれば、いつ何時チャンスが巡ってきても、それをつかむことができるはずです。

4-8

ギャップをつくらない

——自分を盛ると、現実との差に苦しむ

映画や舞台で大活躍している俳優や、ベストセラーを連発している作家など、〝時の人〟はキラキラと輝いて見えます。振る舞いは自信に満ちあふれ、どんな服装でもそれがピタッと決まっています。そして、結果にこだわらずいろいろなことにチャレンジしているように感じます。彼らは自分を客観的にとらえ、自分以上に良く見せようとすることはありません。ありのままの姿が輝いてみえるのです。

そういう人を見ていて思うのは、SNSで自分を盛って発信する人には、輝いている人たちの潔いかっこよさを見習ってほしいなということです。

魅惑的なメイクにしても、晴れやかな日常にしても、誇張した言葉にしても、今の自分に自信がもてないから装うのでしょう。目立つことで、人にすごいと思われたい承認欲求がはたらいているのです。

盛ることには、2つのデメリットがあります。

ひとつは、**盛っている自分と現実の自分のギャップに悩む**ことです。はじめのうちは「いいね！」がたくさんついて楽しく、誇らしくなります。しかし、もっともっととエスカレートするうちに苦しくなってきます。ふと現実にもどると、自信がない自分がいるのです。SNS上は「偽りの自分」なのですから、とても虚しくなります。

もうひとつは、**「ほんとうの自分」が成長しない**ということ。**偽りの自分はどんどん成長しても、ほんとうの自分は何ら変わりません。**

実際に輝いている人は、自分に自信があるから盛るようなことはしません。ありのままを出しているから苦しくありません。だから、さらにいろいろなことにチャレンジし、雪だるま式に成長していきます。

「露堂々《ろどうどう》」という禅語があります。**真理は、求める必要も、探す必要もない、そこかしこに堂々とあらわれているのだからそれに気づきなさい、**という意味です。

まわりからの評価を気にすることはありません。自分以上でも自分以下でもない、ありのままを見てくださいと開き直れる人は強くなれます。

いっぽうで、SNS社会は何もかもが丸見えの〝露堂々社会〟だともいえます。政治家や芸能人、企業など、あらゆる不祥事が次から次へと露見する時代になりました。それに対し、偏った自分の正義をふりかざして人を貶めるようではSNSの発展は本末転倒になってしまいます。炎上リスクを知ったうえで活用したいものです。

自分自身を評価するのは自分

自分を盛るのは、それを評価する他人がいるからです。他人がいなければ、盛る必要もありません。ということは、自分で自分を評価できる人間になればいいのです。ただし、そのような人間になるには覚悟が必要です。

「精進」——一般的には「あるひとつのことに集中して一所懸命に励む」ことをいいますが、これも禅語です。勇気をもって悪を断ち、善を実践し、ひたすら進み勤めることをいいます。

お釈迦さまは「精進は不死への道なり、怠りは死への道なり。精進するものは生き、怠りにふけるものは死せるにひとし」と、「精進」を人生のキーワードとされました。

精進は、ただ単に努力する教えではなく、「諸行無常＝すべてのものごとは常に変化する」という教えにつながっています。

迷ったら、ゆずってみるとうまくいく

第5章

事物に「執着しない」

5-1

ものをためこまない

——手放す基準を決めるとラク

友人がブランドバッグを買ったと聞けば自分もほしくなり、ネット通販サイトをググっていた——。

そんなことはありませんか。

「私もほしい」という欲求が芽生えたら、その芽を摘み取るのはなかなかむずかしいものです。

仏教では「執着」を捨てなさい、と教えています。「ものごとに固執し、とらわれる」という意味で、現代語の「しゅうちゃく」と同じですが、「しゅうじゃく」と読みます。

「私もほしい」という執着を捨てるには、想像力が必要です。

「それって、ほんとうに必要なの？」、「毎日使うものなの？」、「あったらいいなと思っただけじゃないの？」、「めったに使わないんじゃない？」、「なぜ、ほしくなったのかな？」——。

ネット通販の購入ボタンをポチッと押す前に一瞬立ち止まって、そのようなことを考える習慣をつけるとよいでしょう。

ものの命を生かしきる

部屋を見回すと、執着の産物であふれかえっていませんか。

部屋が「もの」であふれかえっているという人は少なくないようです。

私にも「禅的に、ものを捨てるということの意味を教えてください」など、ものを手放し減らすことをテーマにした取材が、これまでたくさんありました。

あなたのまわりにあるものはすべて、ご縁があってやってきたものですから、できれば大切にしたいものです。

しかし、いただきものや衝動買いしたものなどで、使わずに放置されたままのものもたくさんあるのではないでしょうか。**そういったものたちは、あなたとの縁が薄かったと思っていいでしょう。**

「下《あ》載《さいの》清《せい》風《ふう》」という禅語があります。港で荷物を下ろした船は風にまかせて爽快に進んでいく、という意味です。

あなたも、**不要なものを捨てて、部屋に清風を呼び込みませんか。**

処分したほうが住まいの風通しがよくなり、快適に過ごせるものです。

いつまでも捨てられずに〝くされ縁〟になっては、ものに対しても失礼です。

たとえば、家に遊びに来た知人から「この時計、素敵ね。使ってないならもらってもいい？」といわれたとします。そういわれると、何となくもったいないなと感じるかもしれません。

もしそれが何かの記念品だったり形見の品なら、理由を伝えて「ごめんなさい、ゆずれないわ」と言えばいいだけのこと。

そうではなく、**気に入って買ったものだけど、もう使っていないというのであれば、自分なりにものを手放す基準を決めてみてはどうでしょうか。**

私は、「3年置きっ放しにしているものなら、それはもう使うことはないものだと思います」と、いつも皆さんにお話ししています。

「でも高かったんだよなぁ」と惜しいかもしれませんが、そうであればこそ、**それを生かしてくれる人に譲るべきなのです。**

ものの命を輝かせてくれる人に持っていてもらうのが、ものにとっても幸せです。

それがものの命を生かすということです。

5-2

「手放す」と「失う」は違う

——手放さなければ、それ以上のものはつかめない執着はなはだしく、手に入れた地位を手放さない代表のように語られるのは、やはり政治家でしょう。皆がそうだとは思いませんが、裏金問題や受託収賄などさまざまな問題を秘書のせいにして責任逃れをはかる姿を見ていると、人は、あるものを手に入れ、**手放したくないと思った瞬間に理性を失うものだと思わざるを得ません。**

「放てば手に満てり」という道元禅師の言葉があります。持っているものを手放したとき、大切なものは自然と手のうちにある、という意味です。

この言葉は、**「手放す」と「失う」は違う**ことを教えてくれます。

ようやく手に入れた地位だから手放したくないとしがみついていれば、それ以上はつかめないのです。

政治家だけではありません。ある程度の社会的地位を手に入れたならば、そこにしがみついていようと保身的な気持ちがはたらく人は多いと思います。

これは私の主観ですが、うしろめたいことで社会的地位を得た人ほど、その地位にしがみつこうと躍起になっているのではないかと思います。

それはともかく、道元禅師のこの言葉は、**「手放すことによって無限大のチャンスが**

広がる」ととらえるべきでしょう。

また、手放すことは、こんなことにもつながります。

現代の情報社会にあってスマホやパソコンなどの情報通信機器は必須です。しかし、情報の波にどっぷりと浸かってしまっているあまり、情報通信機器が身近にない状況になるとパニックを起こす人さえいます。情報機器の重要性は人それぞれだと思いますが、スマホを忘れたことを遅刻の理由にした人もいると聞きます。

もしスマホを忘れたら、それで一日過ごしてみればいいのです。「スマホを放てば」奇想天外なアイデアが満ちあふれてくるかもしれません。

誰もが「仮の姿」で生かされている

社会的地位へのこだわりという意味では、定年退職した人に強い執着がみられるようです。シルバーサークルなどで、聞かれてもいないのに「私は、昨年まで○○商事の役員をやっておりまして……」と、自身の華やかな経歴を話し出す人がけっこういるそうです。

自分が半世紀近くも頑張り抜いて手に入れた地位なのだから、退職しても「自分のもの」だと思ってしがみついているのです。

社会的地位というものは、自分の人生において、あくまでも「仮の姿」です。その証拠に、退職後にはすぐさま別の人が後釜におさまっているはずです。頑張って手に入れた地位といえども、失うのが宿命です。

とすれば、「三丁目の田中です。畑仕事は右も左もわからない素人ですが、家庭菜園で夫権を取り戻そうと一念発起しました（笑）。よろしくお願いします」。かつての社会的地位を忘れ、これくらい開き直って接すれば、明るく迎え入れられるでしょう。

かつて、「名刺で仕事をするな」という社会人訓がいわれました。大企業に勤めていたり、地位のあるポジションに就いている人たちへの過信を戒める言葉です。

名刺に書かれた「肩書き」は仮の姿です。本来の自分は「名前」のみ。一個人として、いかに自分自身の価値を高めていくかが本分です。

〝肩書きがなくなれば、タダの人〟とならないために精進が大切です。

5-3

未来も過去も手放す

——大切なのは「今」だけにフォーカスすること

老後資金はいくら必要なのか――。

数年前に「老後資金として2000万円は必要になる」と金融庁の報告書案が発表されたときには、日本中が騒然となりました。

しかもそれは、高齢者の家計の平均に基づくということで、貯蓄がない中高齢者はとても不安になりました。

人生100年時代を迎えて「老後」期間が長くなり、多くの国民が晩年のお金の問題を心配するのは当然です。

しかし、**何に対して幸福を感じるかは一人ひとりちがいますから、「2000万円必要」を鵜呑みにする必要はありません。**

そんな話があったからかどうかはわかりませんが、晩年になってなお、資産運用に躍起になっている方が多いと聞きます。

老後資金の心配はあるとはいえ、**あの世まで持っていけないお金に振り回されるのは、やはり執着です。**

お金はもちろん、地位も家屋敷も家族だって、あの世に持っていけるものは何ひとつありません。

「本来無一物《ほんらいむいちもつ》」という禅語があります。

人間は何も持たずに生まれ、何も持たずに旅立つ、という意味です。わがものとして執着すべきものは、何ひとつありません。一切のものから自由自在になった心境をいいます。

欲望は留まることはありません。しかし、どれほどの資産を残したからといって、自分が旅立ったあと、その資産を巡って遺族が骨肉の争いをしないとも限りません。

大切なのは、旅立つときにどれだけ資産を残したかではなく、いかに充実したよい人生だったと思えるかです。「どう生きたか」を問われるのです。

目前のことに必死に取り組む

最後に「いい人生だった」と言えるためには、今自分がなすべきこと、やらなければならないことをコツコツと懸命におこなっていくことだと思います。

仕事や学業はもちろんですが、それればかりではありません。誰にでも、それぞれの立場でやるべきことがあります。

「一息《いっそく》に生きる」という禅語があります。一呼吸ごと、その瞬間瞬間を大事に生きなさい、という意味です。

目の前の、今この時に全集中するのです。行く末についてあれこれ思い悩まず、過ぎ去った過去をいつまでも悔やまず、**未来も過去も心から手放すのです。**

禅では、「生きる」とは生死を繰り返すことだと考えます。

人は、息を吐いて吸う、そのひと呼吸ごとに、死んでは生まれ、生まれては死ぬことを繰り返しています。

過去の自分はすでに死んでいる、未来の自分はまだ生まれていない。だからこそ、今を一所懸命に生きるのです。その積み重ねが人生をつくっていきます。

あなたは今、死んでしまった自分や、まだ生まれていない自分に心を惑わされていませんか。いい人生は、「今」がつくるのです。

5-4

不安は現実ではない

――それは、自分の心が勝手につくり出したもの誰にでも不安はあります。

たとえば仕事上の不安だったら、「納期に間に合うか」、「ノルマを達成できるか」、「また失敗して叱咤されるのではないか」――いろいろあります。

そして、不安は複合的です。**「ノルマが達成できない↓叱咤される↓出世できない」などというように連鎖していきます。**

私は、これを「不安の雪だるま」と呼んでいます。ひとつ不安が頭に浮かぶと、その不安が不安を呼んでどんどん大きくなるからです。だから、**不安が生じても、それを〝転がさない〟ことが大切です。**

不安とはいったい何ものでしょうか。辞書によると「心配に思ったり、恐怖を感じたりすること」、「気がかりで落ち着かないこと。心配なこと」とあります。

つまり、不安とは、**根拠がないままに漠然とした恐れをいだくことであり、実体はありません。**自分の心が勝手につくり出しているものです。

「不安は現実ではない」ことを、まずは胸に留めておいてください。

不安だったら行動するしかない

不安についてわかりやすくアドバイスするなら、禅宗の始祖である達磨《だるま》大師と、大師のあとを継いで禅宗第二祖となる慧可《えか》との禅問答「達磨安心《あんじん》」をおいてほかにないでしょう。とても有名な逸話です。

あるとき、達磨大師に弟子の慧可が悩みを打ち明けました。

「大師さま。私は不安で不安で、夜も眠れず、何にも手がつきません。どうすれば、この不安な気持ちを取りのぞくことができるでしょうか」

大師は答えます。

「ならば私が、その不安とやらを取りのぞき、安心させてやろう」

「それは、なんという幸せ。ありがとうございます！」

喜んだ慧可は大師の話に耳を傾けます。

「さあ、おまえの不安とやらをここに持ってきてならべなさい。そうすれば、すぐにでも私が一つひとつ取りのぞいてやるぞ」

慧可は、大師の言われたとおり、不安を探します。ところがどこを探しても不安が見あたりません。

「大師、不安をいくら探しても見つかりません」

「だろう。おまえの不安を取りのぞいてやったぞ」

慧可はハッとし、そこでさとりを得たのです。

そもそも不安には実体がなく、自分の心が勝手につくり出しているに過ぎません。それに気づいたことで、安心できたのです。

不安の正体がわかれば、不安が生じても、それを転がして大きくするようなことはなくなるでしょう。

慧可のように、ただ不安がって何にも手をつけられなくなるのはいただけません。

不安が生じても、弱気にならずにとにかく行動することが大切です。

人間は、行動しながら悩みつづけることはできないのです。

5-5

相手の意見を「正面」から聞く

——いい上司は、自分の意見に執着しない

「こうしようと思うが、意見があったら言ってくれ」

会議の席上で上司が言ったから、「よし」と意気込んで発言すると、

「それは違うんだよなぁ」

理由も言わずにあっさり却下……。

「わからないことは何でも聞いてくれ」

そう言って頼まれた業務に、質問をしたら、

「それくらい自分で考えろ」

迷惑そうな口ぶりに唖然……。

そんな上司はけっこういるようです。それは、**上司の資質というよりも、人間としての柔軟な心が欠如しているということでしょう。**

もし直属の上司がそんな人だったら、反面教師にしてください。

相手の意見や希望をかたくなまでに聞かないのは、頑固である以前に、自分の意見に執着しているということです。そのような人は、自分の正しさへのこだわりを捨て、〝聞く力〟を磨くべきです。

自分の意見に執着せずに、柔軟な心で相手の意見を聞ける人は謙虚さがある人です。

「そうか、キミの意見のこの部分は確かに的を射ているな。同感だ。しかし、こっちは少し見積りが甘いと思うがどうだ？」

このようにお互いの意見をすり合わせることで、ものごとがよい方向に進みます。「柔軟」と「謙虚」は非常に深い関わりがあるのです。

石にも木にも謙虚になる!?

「柔軟」と「謙虚」は、何でもかんでも人の意見になびくことをよしとするものではありません。自分の意見をしっかり持っているからこそ、人の意見を聞くことができるのです。

人の意見を正面から受け止める、という姿勢が肝心です。

「自分のほうが正しい」という気持ちが潜在的にあると、どうしても斜に構えて聞いてしまいます。

あるいは、部下がいい提案をしてもなかなか受け入れてくれない上司は、「あいつの意見を全部取り入れたら、俺の立場がなくなってしまう」という了見が狭い人です。それよりも、「おっ、これはいいな。ここをちょっと修正してチーム案としてまとめてくれ」と部下の意見を吸い上げれば、部下もついていきたくなります。

自分の意見に執着しないだけで、チーム力も上がり、ウィンウィンの関係が築けるのです。

私が、相手の意見を正面から聞くことにこだわるのは、庭園デザインの仕事にも結びついているからです。

「禅の庭」づくりでは、石や樹木といった素材との対話が大切です。ものを言わない相手を慮り、相手の思いを汲み取ります。たとえば石には、天（上）、地（下）、顔（正面）、裏（裏面）があります。どのように置くかは、石に聞いてみなければわかりません。石と対話して〝石心〟を読むのです。私が一方的に、天はここ、顔はこちらに向けて、と決めてしまうとうまくいきません。

配置も同じです。どこに、どんな角度で居たいか〝石心〟を読みます。素材たちと仲よくなるのも、「柔軟」と「謙虚」があってこそです。

迷ったら、ゆずってみるとうまくいく

第6章

相手に「見返りを求めない」

6-1

「お金」ではなく「気持ち」をやりとりする

——それが「あたたかい関係」を築く秘けつ

私は庭園デザインの仕事で、何度も海外に足を運んでいます。また国内も、庭園デザインや講演などであちこちうかがっています。出かけるたびに思うのは、ホテルや旅館、そして飲食店での、**海外と日本の心遣いの違い**です。

海外では、サービスに対して必ずその対価が求められます。つまり、お金として請求されます。これだけのことをやってあげたのだから、○ドルくださいと請求されます。当然の要求です。

欧米には、何かを与えたら代わりに何かをもらう、何かをもらったら代わりに何かを与えるという、ギブアンドテイクの文化が根づいています。

いっぽう、日本ではどうでしょうか。

たとえば旅館の客室で、子どもがコップを倒して割れてしまったとしましょう。仲居さんを呼べばすぐに駆けつけてくれます。

「ぼく、大丈夫？　お怪我はなかったかな…」

仲居さんは子どもの無事を確認しながら、大急ぎで割れたコップを片づけ、汚れた座卓をきれいに拭いてくれます。そして、新しいコップを用意してくれます。

しかし支払時に、**割れたコップの代金や仲居さんの掃除代金を請求されることはまずないでしょう。**

「それはサービス料に含まれているものでしょ」と言われればそうかもしれません。それでも私は、**仲居さんの仕事ぶりは、「お金」ではなく「気持ち」のやりとり**ではないかと思うのです。

また、海外では〝胸を張って〟お客さんに請求書を渡しますが、日本では「これでよろしいでしょうか」と遠慮がちに〝頭を下げて〟お勘定書を差し出します。

そんな違いからも、日本には、「お金」ではなく「気持ち」をやりとりするという文化があるのだと思うのです。

「お裾分け」という美しい日本の文化

日本には、「お裾分け」という文化があります。

「実家でつくっているミカンです。たくさん送ってきたので、よろしかったらどうぞ」

とてもあたたかい気持ちになります。

お裾分けは、作りすぎたお総菜を近所に持っていくことからはじまった江戸時代の習慣であり、いただきものが入っていた器に別の物を入れてお返しするのが習わしだったそうです。

とはいえ、見返りを求めているわけではありません。**カゴいっぱいのミカンをもらっても、野菜の煮物一皿をお返しするだけでよいのがお裾分けのいいところです。**

欧米のギブアンドテイクの相互関係ではそうはいきません。

「もらったミカンは1000円相当だから、こちらも1000円くらいのお返しをしよう。それが対等だ」という思いが先に立ちます。**良好な人間関係を保つには、どちらか一方が損をしてはいけないという考え方です。**

もちろん、対等な関係は大切ですが、私は日本の「お裾分け」文化が好きです。

「このカステラ、いただきものなんだけど、少し手伝ってくださらない」

こんなお裾分けのひと言は、気持ちがほっこりしませんか。

6-2

陰徳を積む

――人に知られることなく善行を積もう

日本には寄付の文化が根づいていないといわれています。

イギリスに本部のある慈善団体「Charities Aid Foundation（CAF）」の報告書「世界人助け指数2023」によれば、日本は118位（世界ワースト2位）となっています。

「チャリティーに募金したか?」、「ボランティア活動をしたか?」、「見知らぬ人を助けたか?」などの質問に対する回答を集計したものだそうですが、この順位には驚きました。ちなみに1位はインドネシア、2位はウクライナ、そしてG7（先進7カ国首脳会議）の中ではアメリカが5位、カナダが8位です。

日本人の寄付に対する意識は、歴史的にみると、それほど低かったとはいえません。奈良時代には、行基に代表される勧進僧たちが全国を布教しながら寄付を募り、飢饉や疫病で困窮する人々を収容する施設の建設、橋や溜池の修造などの公共事業を行っていました。

江戸時代には、儒教の教えが広まり、「徳の精神」の実践として共助・互助の文化が定着し、商人たちが中心となって困窮者救済の基金をつくったといいます。その頃までは、日本人の寄付に対する意識は高かったのではないかと思います。

ところが明治維新後、中央集権体制となり、**公共サービスはすべて国が担うという意識が国民に定着し、個人や民間が寄付をして困っている人々を助けるという精神が弱まっていったようです。**

また、現在の日本では寄付金に対する税制面での控除が限定的なことから足踏みをさせているということもあります。

見返りを期待しない

最近では能登半島地震や集中豪雨、コロナ禍、熊本地震、東日本大震災、阪神・淡路大震災……と、大災害がつづいたこともあり、日本人の寄付意識は徐々に高まっているようです。

大災害があると芸能人や著名人の寄付や支援がマスコミを賑わせます。これを偽善だとか売名だとかいう人がいますが、そうした寄付金で一人でも多くの方が救われればよいと思います。

ただ、まれに目立つことありきのような人もいますし、華々しく寄付金贈呈式が行われる様子をニュースで見ると、「陰徳を積む」という仏教の言葉を思い出します。

「陰徳を積む」とは、人に知られることなく善行を重ねることを意味します。

達磨大師のこんなエピソードがあります。

中国南北朝時代の梁《りょう》国の皇帝・武帝は、仏教への造詣が深く、いくつものお寺を建てた篤信《とくしん》の人でした。武帝が、インドから中国に来た高僧・達磨大師を宮中に招き、大師に問いました。

「私はこれまで多くのお寺を建て仏教に貢献してきた。私にはどれほどの功徳があるだろうか」

大師はひと言、**「無功徳！」**と言い放ちました。

どれほどの善行であっても、打算的なものであっては真の善行ではない、ということです。功徳とは、善行に対して神仏が与えるよい報いを意味します。

「無功徳」という3文字に、ほんとうの「徳の精神」が凝縮されていると思います。

6-3

今あるものに感謝する

——自然と気持ちが謙虚になる

近年、都会で働くビジネスマンが地方へ移住し、就農するということをよく耳にします。体験イベントや就農のためのスクールも開催されていると聞きます。

「ひとつのものができあがる過程の1から10まで自分が関わり、結果が見えることで、やり甲斐を感じます」

こんな就農者のインタビューをテレビで拝見しました。

たしかに、多くのビジネスマンは、**ものができる過程の一部分だけを担って仕事をしています。** それは製造業に限らず、サービス業でも同様です。

もちろんそれは、完成品にとってなくてはならない大事な仕事です。しかし、担当した部分がクローズアップされることはほとんどないので、**自分のやっていることがほんとうに社会に評価されているのか、疑問に感じることもあるのでしょう。**

その意味では、現代は「評価されない時代」なのかもしれません。そんな理由から、就農という道を選択する人もいるのかもしれません。

自分の仕事を評価されたいならば、就農とまではいかなくても庭やベランダでミニ野菜やハーブを栽培してみるというのはいかがでしょうか。水やりや雑草取りをして実や葉を収穫することで、ものができる最終形まで見とどけることができます。あるいは残念ながら実がならず、枯れてしまうこともあるでしょう。

インタビューに答えていた就農者は、農作物の日々の生長に心を傾けることで、自然と共にあることを実感したと思います。そして自身が1から10まで関わって仕事をしたことによって、ビジネスマン時代の、ものができあがる過程の一部分だけを担う仕事の尊さも実感したと思います。

自分が今、あることに感謝する

お釈迦さまは、**「この世にムダなものは何ひとつない」**とおっしゃいました。

私たちの命は、多くの命の支えによって成り立っていることは言うまでもありません。まわりの人やものによって生かされているのです。

呼吸を考えればわかります。日常生活で私たちは無意識で呼吸しています。生きようと意識して呼吸をしているわけではありません。それだけで、**私たちは自分で生きているのではなく、生かされていることがわかります。**

あるいはお墓参りも、自分が生かされていることを知るいい機会です。「自分」には両親がいて、その両親にもまたそれぞれ両親がいて、十代さかのぼると千二十四人のご先祖様がいます。そして二十代さかのぼれば、百万人を超えるご先祖さまがいることになります。その誰か一人でも欠けていれば、今の「自分」は存在していないのです。**まさに、奇跡的な命のつながりによって生かされているのです。**ご先祖さまに感謝です。

禅宗では、食事の前にかならず『五観《ごかん》の偈《げ》』という短いお経をとなえます。道元禅師の著作『赴粥飯法《ふしゅくはんぽう》』に引用され、広く知られるようになりました。

それは、食材の命の尊さと、それまでにかけられた多くの手間と苦労に思いをめぐらせて感謝し、自分はこの食事をいただくに値する正しき行いをなそうと努めているか反省をこめた言葉です。

同様に、ふだん私たちが食事のときに述べる「いただきます」は、食材の命をいただき、それによって私たちは生かされていることへの感謝、「ごちそうさま」は、馳走（奔走）して食材をあつめ、調理してくれる人への感謝と覚えてください。

6-4

「言葉」ではなく「行動」で示す

——口先だけの人と思われないために

「○○ちゃんの将来を思って言ってるのよ」

「キミのためを思って言ってるんだ」

子どもの頃は親から、社会人になってからは上司から、決まり文句の叱責が飛び、「あぁ、またか」と、げんなりしたことは誰にでもあると思います。

なぜ、げんなりするのか――**「そんなに押しつけがましく言わなくてもいいのに」**と思うからでしょう。

「あなたのために」は、相手の未来を見据えて大切な忠告をしているようで、**言うほうにしてみたら使いやすい常套句です。**しかし、言われたほうは反論のしようがありません。だから、「ほんとうに私のことを思って言っているのかな」、「私を思いどおりに操ろうとしているのではないかしら」などと思ってしまうのです。

言葉は本来、「気持ち」を伝えるものです。上っ面だけ体裁のいい言葉は、相手にすぐにわかります。どのように話術を駆使したとしても、心がこもった言葉にはかないません。

本気で相手のことを思って伝えようとする言葉には力があります。そういう言葉はスッと心に入ってきます。

気持ちの問題ですからアドバイスできるものではありませんが、**私の場合は相手に言葉を伝える前にひと呼吸おいて自問自答しています。**「私はほんとうにこの人のことを思って、この言葉を伝えなければならないと思っているのだろうか」と。

そして「YES」という答えが出たならば、その言葉は本物です。だから、相手に伝わります。

本気度は行動にあらわれる

政治家の言葉が軽くなったといわれて久しいですが、最近それにさらに拍車がかかっているように感じます。

「きわめて遺憾であります」、「緊張感を持って取り組みます」、「粛々と前に進めてまいります」、「しっかりとやっていきます」――。

どれもその場をやり過ごすためだけの言葉だと受け取るのは、私だけではないでしょう。ちょっと突っ込めば、「遺憾」とは残念に思うことであり、隣国からミサイルが飛んできても、総理が「きわめて遺憾であります」では国民の不安は増すばかりです。「緊張感を持って」と言われても、それまでは緊張感がなかったということか、「しっかりとやっていきます」に及んでは「これからですか？」と思ってしまいます。

政府主催の委員会に呼ばれたときのことです。ある委員がこんな政策はどうかと発表したところ、委員会の座長を務めていた国会議員が、**「その政策は短期間に結果が出ないから票につながりません」と平然と言ったのです。** さらに、「国民に注目されるかっこいいキャッチフレーズはありませんか？」と委員たちに聞くのです。

私は、開いた口がふさがりませんでした。

昔は私財をなげうって事を成そうとする政治家もいたのに、今では私腹を肥やすために躍起になっている政治家が多すぎるように思います。

お釈迦さまはおっしゃいました。

「たとえ、ためになることを数多く語るにしても、それを実行しないならば、その人は怠っているのである。 牛飼いが自分の牛ではなく、他人の牛を数えているように」

言葉より重いもの、それが「行動」なのです。

6-5

「落としどころ」を探る

——お互いにゆずり合って着地点を見つけよう

日本人はディベート（討論）が苦手といわれています。欧米のように子どもの頃からディベート教育を受けていないので、仕方のないことなのかもしれません。討論や論争をネガティブに受け止めている人が大半でした。

ところが、数年前、〝論破ブーム〟が巻き起こり、子どもたちまで「論破」という言葉をふつうに使うようになりました。

聖徳太子が定めた『十七条憲法』の「和をもって貴しとなす」の精神に相反する、相手を言葉で打ち負かす論破が認知されたことに、私は驚きました。

戦国武将の武田信玄は、「戦というものは五分をもって上とし、七分をもって中とし、十分をもって下とす」という言葉を残しています。

勝負に勝たなくてはならないのは当然だが、十分の完勝だと敵を侮ってしまい、おごりがでる。七分の勝ちではまだ、勝ったことに安心して手を抜く。**今後いっそう頑張らせるためには五分の勝ちがよい、という信玄の勝ち方のこだわりです。**

半歩ゆずる五分勝ちがよいというのは、信玄が禅に傾倒していたことと無縁ではないでしょう。

仏教には「中道」という教えがあります。**極端を捨て、まさに中道を行くことです。**お釈迦さまは、皆が幸せになれる道を求めて、王子としての生活を捨て、快楽に耽る生活を捨て、自身の肉体をとことんいじめる苦行に入りました。しかし、ほどほどぐらいがちょうどいいという考えに至り、さとりを得たのです。

唯一無二の神を信じるキリスト教やイスラム教は、白黒をハッキリつける宗教です。神の意に沿わないものはすべて悪です。そのため聖戦（ジハード）という名のもとに戦争が繰り返されています。

いっぽう中道を旨とする仏教は右にも左にも偏らず、お互いのよいところを認め、ゆずり合いの心を大切にして共に生きる道を歩む宗教です。

相手がよくならなければ、自分もよくならない

ビジネスの世界に目を転じてみると、以前は勝ち組と負け組にはっきりと分かれていました。しかし最近は、お互いによい状態を保てるようＷｉｎ－Ｗｉｎでやっていくのがいいんじゃないかという風潮が強まっています。

武田信玄のいう五分勝ちの精神がビジネス界に広まってきたようです。これはよい方に向いていると思います。

そもそも日本には、**近江商人の「三方良し」というビジネス哲学がありました。**「商売において売り手と買い手が満足するのは当然である。さらに、社会に貢献できてこそよい商売といえる」という考え方を「売り手に良し、買い手に良し、世間に良し」の「三方良し」といいます。

三方良しやWin－Winを成り立たせるキーワードは〝落としどころ〟です。双方が納得する着地点、妥協点を見つけ合うことです。**お互いにゆずり合って着地点を見つけていく。**日本人の最も得意とするところだと思います。

〝聖戦〟を繰り返す国々の国民からも「もう、ほどほどでいいんじゃないか」、「お互い、五分勝ちで話をまとめよう」――そんな声が聞こえてきます。当事国の為政者には聞く耳を持ってほしいものです。

6-6

「役に立ちたい」と考える

——優しい気持ちが優しい社会を生む

2024年1月1日夕方に発生した「令和6年能登半島地震」。新春の大惨事に、私はテレビの前で被災地の皆さんの無事を祈ることしかできず、胸が痛みました。

人に知られることなく善行を重ねる「陰徳を積む」ことの大切さを前に申しあげました、この震災でもボランティアが現地入りし、多くの陰徳を積まれたようです。その中で、印象的なできごとがありました。

製パン業の国内最大手である山崎製パンは、地震発生から早い段階で現地に大量のパンを支援したそうです。ふつうなら、「我が社は被災者の皆さんのためにこんな支援を行いました！」と大々的にアピールしそうなものですが、新聞記事によると、支援のことはホームページにも一切載せずに行ったということでした。

私は、このすばらしい陰徳を、いろいろな場面でお話ししました。

ところが、山崎製パンの被災者支援はたんなるボランティアとは違っていました。

じつは、山崎製パンは、災害のあるたびに政府や地方自治体の要請のもとに緊急食糧供給を行っている企業だったのです。

調べてみると同社は、半世紀ほど前にある自社工場が全焼し、取引先の大手スーパーなどに商品を供給できなかったそうです。

そのとき、他の工場と連携することでわずか数日で供給を再開できた経験があり、その経験から、どのような状況になっても商品を顧客のもとに届けることに全力を尽くす、というモットーが全社に根づきました。そこから**「被災地への緊急食糧の供給は食品企業としての使命」**という企業文化が生まれていったのだそうです。

山崎製パンは、被災地への緊急食糧の供給を、食品企業としての使命と考え、日頃から体制を整えているからこそ、さっと行動できるのです。

日頃から考えているから即行動に移せる

私は、山崎製パンが築いてきた「緊急食糧の供給は食品企業としての使命」という企業文化に、改めて頭が下がる思いがします。

私たちは災害現場のリアルな状況を、テレビを通じて把握することができます。そのときに支援品の不足や、だぶつきなどを見て、つい批判してしまいます。

「とにかく水や食糧をヘリから落としてやればいいじゃないか」

「必要なものはわかっているのだから、もっと効率的に分配できないかなぁ」

エアコンが効いた部屋で評論家になっています。

他人の状況や気持ちを自分ごととしてとらえることは簡単ではありません。上辺だけになってしまいます。


山崎製パンは違います。常日頃から、万一どこそこの工場がストップしたら、どのような体制を組むかを考えています。その努力が、いつどこで災害が起こっても一刻も早くパンを届けられることにつながっているのです。

もちろん、他の食品企業、スーパーやコンビニチェーンなども緊急食糧供給についてさまざまな取り組みを行っていると思います。他の物資支援の取り組みを行っている企業もあるでしょう。そうした企業は増えているように感じます。

困っている人がいれば、相手に施す。見返りなど求めません。ここに損得勘定はありません。

カバーデザイン
金澤浩二

本文デザイン・DTP
鳥越浩太郎

カバー・イラスト
せきやよい

編集協力
小松卓郎

［著者略歴］

枡野俊明（ますの・しゅんみょう）

1953年、神奈川県生まれ。曹洞宗徳雄山建功寺住職、庭園デザイナー、多摩美術大学名誉教授。大学卒業後、大本山總持寺で修行。禅の思想と日本の伝統文化に根ざした「禅の庭」の創作活動を行い、国内外から高い評価を得る。芸術選奨文部大臣新人賞を庭園デザイナーとして初受賞。ドイツ連邦共和国功労勲章功労十字小綬章を受章。また、2006年「ニューズウィーク」誌日本版にて「世界が尊敬する日本人100人」にも選出される。近年は執筆や講演活動も積極的に行う。

主な著書に、『心配事の9割は起こらない』『仕事も人間関係もうまくいく 放っておく力』などベストセラー・ロングセラーが多数ある。

迷《まよ》ったら、ゆずってみるとうまくいく

2024年7月1日　初版発行

著　者　枡野俊明

発行者　小早川幸一郎

発　行　株式会社クロスメディア・パブリッシング
〒151-0051 東京都渋谷区千駄ヶ谷4-20-3 東栄神宮外苑ビル
https://www.cm-publishing.co.jp
◎本の内容に関するお問い合わせ先：TEL（03）5413-3140／FAX（03）5413-3141

発　売　株式会社インプレス
〒101-0051 東京都千代田区神田神保町一丁目105番地
◎乱丁本・落丁本などのお問い合わせ先：FAX（03）6837-5023
service@impress.co.jp
※古書店で購入されたものについてはお取り替えできません

印刷・製本　中央精版印刷株式会社

　ISBN978-4-295-40988-5　C2034